일곱째별의 탈핵 순례

-나아리에서 나아리로 걸어간 5년의 기록

일곱째별 르포르타주

차례

프롤로그

2022년 2월 24일, 러시아가 우크라이나를 침공했다. 3월 4일, 러시아는 우크라이나 남부에 있는 유럽 최대 핵발전소 자포리자(Zaporizhzhia)를 공격했고 그로 인한 화재는 진화되었다.[1] 3월부터 러시아군 통제하에 있는 우크라이나 핵발전소는 8월에 수차례 포격되었다. 러시아와 우크라이나는 서로 양측 소행이라고 주장한다.[2] 양국의 공방이 어떠하든 만약 포격과 화재로 인해 원자로 냉각 시스템이 파괴되어 방사능이 유출되어 오염되는 핵 재앙이 일어난다면 그것은 두 나라 간의 전쟁을 넘어선 전 세계에 대한 만행이다. 러시아는 체르노빌 핵발전소 사고가 났던 나라다. 그 참상을 겪었기에 핵무기뿐만 아니라 핵발전소가 얼마나 위험한지 알고도 남을 것이다.

지금까지 세계에는 3대 핵발전소 중대사고(Severe Accident, 원자력발전소에서 설계기준을 초과하여 노심의 현저한 손상을 초래하는 사고)[3]가 있었다. 1979년 미국 스리마일, 1986년 구소련 체르노빌, 2011년 일본 후쿠시마.

스리마일도 체르노빌도 우리나라와는 좀 멀었다. 그런데 바로 옆 나라인 일본 동부 후쿠시마 현에 세워진 핵발전소에서 터진 사고는 체감 온도가 확연히 달랐다. 바로 옆 나

1   CNN, 2022.3.4 참조
2   한겨레신문, 러시아 점령 자포리자 행정수반 "원전 주변 휴전 논의하자", 2022.8.16 참조
3   출처 : 원자력안전위원회 원자력안전규제 용어사전

라였으므로 방사능 누출이 생태계에 미칠 피해에 대한 불안
감과 안전제일주의 일본에서 일어난 사고라면 세계 그 어디
도 안전하지 못할 거란 위기감과 지진과 쓰나미라는 천재지
변에 의한 사고라는 공포감이 팽배했다. 그 사고 이후로 '반
전반핵'으로 통용되던 '반핵' 구호가 '탈핵'으로 바뀌었다. 이
제 핵은 무기뿐만 아니라 발전소도 위험하다는 인식 때문이
었다.

3.11 후쿠시마 핵발전소 사고 1주기를 앞둔 2012년 2월
29일, 나는 시청 앞 광장에서 '아이들에게 핵 없는 세상을
안전한 밥상을'이란 피켓을 들고 1인 시위를 했다. 어찌 보
면 탈핵운동은 집집마다 자동차를 몰고 밤마다 전등을 켜고
여름이면 에어컨에 겨울이면 보일러 없이는 못 사는 에너지
소비시대에 바람 부는 들에 붙은 불을 지푸라기 같은 인간
이 끄겠다고 덤비는 일처럼 무모해 보인다. 그러나 한낱 먼
지 같은 인간이 감히 지구 생태를 지키겠다고 나서는 데는
무모함만큼의 존엄함이 있다. 나 하나 살다 갈 세상이면 상
관없다. 그렇지만 우리에겐 지켜야 할 다음 세대가 있다. 그
리고 자연의 일부인 인간에게는 생명의 바탕인 자연과 우리
자신을 파괴하지 않아야 할 도리가 있다.

후쿠시마 핵발전소 사고 6년 후, 사진을 배우기 시작한
2017년에 '사진으로 하는 탈핵운동'을 하기로 마음먹었다.
그리고 첫 촬영지로 월성과 고리를 선택했다. 그즈음 신고
리 5·6호기 건설 취소 소송이 시작되었다. 공개재판에 참석
했고 고리와 월성핵발전소를 찾아갔다. 카메라 한 대 달랑

메고 무작정 길을 떠난 그 여름부터 탈핵 이야기를 쓰기 시작했다.

먼저 짚고 넘어가야 할 용어가 있다.

원자력발전소(원전)와 핵발전소다. 우리나라의 모든 핵발전소는 원자력발전소로 명명되고 있다. 원자(atom)는 물질을 구성하는 가장 작은 입자를 말한다. 원자의 중심에는 원자핵(atomic nucleus)이 있다. 에너지를 만들려면 원자가 아닌 핵이 쪼개지는 핵분열이 일어나야 한다. (원자로 내의 핵분열 연쇄반응으로 생기는 열을 이용해서 고온·고압의 수증기를 만들어 터빈 발전기를 돌려서 발전하는 방식이 원자력발전(Nuclear Power Generation)이다.[4]) 원자가 아닌 핵의 분열을 이용한 에너지 발전 시설이므로 원리상 핵발전소가 맞다.

그런데 우리나라 핵발전 관련 기관 대부분이 한국어로는 '원자력(atomic energy)'을 쓰고 영어로는 '핵(nuclear)'을 사용한다. 영문명을 보면 한국수력원자력(주)는 Korea Hydro & Nuclear Power Co.이고, 한국원자력안전기술원은 Korea Institute of Nuclear Safety고, 원자력안전위원회는 Nuclear Safety and Security Commission이고, (사)한국원자력학회도 Korean Nuclear Society이다. 단, 60~70년 전인 1957년에 창설된 국제원자력기구 IAEA는 International Atomic Energy Agency의 약자이고, 1959년에 설립된 한국원자력연구원은 Korea Atomic Energy Research Institute

4 출처 : 원자력안전위원회 원자력안전규제 용어사전

라고 표기한다. 예전에 '히로시마 원자폭탄'이라고 했던 것처럼. 하지만 지금은 그렇게 말하지 않는다. 세계에서 '원자력발전소'라는 단어를 사용하는 나라는 한국과 일본밖에 없다고 한다.[5]

언어는 사회성이 있어서 생성하고 사멸한다. 그에 따라 적용하는 원리와 규칙이 있다.

원자에너지가 아닌 핵에너지라면 원자력이 아닌 핵력이라고 해야 한다. 그런데 원자력이라고 하면서 원자발전소가 아닌 핵발전소라고 한다. 이렇게 상응하지 않는 구조와 한국어로는 원자력이라고 쓰고 영어로는 핵이라고 표기하는 외국어 표기의 불일치가 의문이다. 게다가 원자력발전소는 원자핵이 붕괴하거나 핵분열을 일으킬 때 방출되는 에너지를 이용하여 발전기를 돌려 전력을 일으키는 시설을 갖춘 곳[6]이라는 뜻으로, 원전(原電)이라고 한다. 그렇다면 왜 수력발전소는 수전(水電), 화력발전소는 화전(火電)이라고 하지 않을까?

언어학자도 공학자도 아니면서 이런 의문을 제기하는 게 어불성설이겠지만, 밀집도 세계 최고인 대한민국 원전이라는 이름의 원자력발전소를 보면서 핵발전소라고 써야 하는 고민을 토로하며 이 글을 시작한다.

---

5 『한국탈핵』, 김익중, 한티재, 2013, p.24 참고
한겨레신문, 왜 원자력발전소를 핵발전소라고 하나요?, 2017.9.12 참고
6 다음 한국어사전

1장
2017년, 고리와 나아리

1차 촬영

황분희 월성원전인접지역이주대책위원회 부위원장을 처음 본 때는 2017년 1월 21일 제13차 범국민행동 촛불집회였다. 경주에서 광화문까지 올라와 서울 시민들에게 핵발전소를 줄이기 위해 전기를 아껴 써 달라고 부탁하는 모습을 멀리서 바라보았다.

2017년 1월, 13차 범국민행동촛불집회 황분희 부위원장 발언

그해 8월 23일, 서울에서 울산으로 가서 부산 고리를 거

처 경주 나아리로 향했다.

고리핵발전소(한국수력원자력발전소(주) 고리원자력본부 또는 고리원전)가 보이는 바닷가에는 많은 사람이 낚시하고 있었다. 그들은 처음엔 낯선 이방인의 방문을 반기지 않았다. 환경단체에서 나온 줄 알고 경계심을 보였다. 바람이 불어서인지 그들의 기세에 겁을 먹었는지 바짝 얼어붙어 곧이곧대로 대답하다 보니 차츰 대화가 이루어졌다. 숭어를 잡는다기에 걱정스러워 물었다.

"원전 앞바다인데 방사능으로 물고기가 괜찮겠어요?"

핵발전소를 공식 명칭인 원전으로 발음하면서, 상대의 적대감을 낮추려는 자신을 느꼈다.

"바다가 얼마나 넓은데."

아무렇지도 않게 대답하며 멋지게 릴낚시를 휘둘러 바다로 던지는 그들 모습은 매우 익숙해 보였다. 부디 바다가 무한히 넓어서 지척의 핵발전소로부터 나오는 온배수와 방사능 오염의 위험을 정화시킬 수만 있다면 얼마나 좋으랴.

고리를 떠나 월성핵발전소(한국수력원자력(주) 월성원자력본부 또는 월성원전)가 있는 경주시 양남면 나아리에 도착했다. 이미 늦은 오후였고 긴장과 피로로 다소 지친 상태였다. 그런 상태에서 월성핵발전소 4기를 코앞에서 보고 있자니 시퍼런 소름이 끼쳤다.

거기서 1km 안에 월성원자력본부 홍보관이 있었다. 그 앞 비닐하우스가 월성원전인접지역이주대책위원회 농성장이었다. 먼지 뿌연 선풍기가 돌고 있었지만 어두운 내부는 무척 더웠다. 그곳에 황분희 부위원장과 일곱 살 외손자가 있었다. 할머니에게 꼭 붙어 떨어질 줄 모르는 아이는 만 4세 때 이미 제 아버지의 세 배 되는 삼중수소 17.5베크렐[7]이 체내에서 검출됐다고 한다.

삼중수소는 방사성 물질 중 하나이다. 방사성 물질은 법령에서 정한 농도 이상의 방사능이 있는 물질을 말하며 핵연료물질·사용후핵연료·방사성동위원소 및 원자핵분열생성물이 포함된다. "원자력안전법"에 정의된 용어로, 방사능과 방사능 농도를 모두 고려하여 그 방사능 때문에 규제 관리 대상이 되도록 국가 법률이나 규제 기관이 규정하는 물질이라 할 수 있다.[8]

삼중수소(Tritium)는 보통 수소보다 3배 무거운 수소다. 기체 또는 액체의 형태이므로 지하수 또는 대기를 통해 인체로 유입되면 내부피폭으로 인해 신체에 손상을 줄 수 있다.[9] 약한 방사선을 방출하는 방사성동위원소인 삼중수소는 원자로의 핵분열 과정에서 직접 또는 중성자 포획에 의해 발생된다. 핵융합발전에 사용될 귀중한 연료이나 환경으로 누설되어 섭취하면 체내에서 장기간 방사선을 발생시켜 돌연변이나 암을 유발할 수 있어 각국은 섭취 허용 한도를 엄격히 관리하고 있다.[10]

---

7 베크렐(Becquerel), 방사성 물질이 방사선을 방출하는 능력을 나타내는 국제 단위이며, 1베크렐은 1초 동안 1개의 원자핵이 붕괴할 때 방출되는 방사능의 강도를 의미하며, 프랑스의 물리학자 '앙투안 앙리 베크렐'의 이름에서 유래된 것이다. 출처: 원자력안전위원회 원자력안전규제 용어사전
8 출처: 원자력안전위원회 원자력안전규제 용어사전
9 출처: 원자력안전위원회 원자력안전규제 용어사전
10 서울대학교 원자력정책센터 원자력기초지식
https://snepc.eyesky.kr/skyBoard/view/base/11554

2016년, 월성핵발전소 인근 마을 주민 40명에게 소변으로 삼중수소 검사를 했는데 100%가 오염됐다고 한다.

불안정한 원자핵이 방사선을 방출하는 능력 또는 그 세기를 방사능이라고 한다.[11] 방사능은 외부피폭보다 호흡기나 음식을 통해서 이루어지는 내부피폭이 훨씬 위험하다. 방사능에는 남성보다 여성이, 어른보다 세포분열 속도가 빠른 어린이가 더 민감하다.[12]

핵발전소는 감속재에 따라 경수로와 중수로로 나눈다.

경수로는 감속재와 냉각재로써 경수를 이용하고 연료로써 저농축 이산화우라늄 핵연료를 사용하는 원자로를 말한다. 그리고 중수로는 중수(D_2O)를 감속재로 사용하는 캐나다에서 개발한 캔두(CANDU)형 원자로를 말하며, 핵연료가 천연우라늄이기 때문에, 핵분열 확률을 높여 주기 위해 감속재로 경수보다 중성자의 속도를 더 잘 감속시켜 주는 중수를 사용한다.[13] 쉽게 말하면 보통의 물인 경수(H_2O)와 그보다 무거운 물인 중수(D_2O)를 사용하는 차이인데 경수로는 우라늄을 농축한 핵원료를 사용하지만, 중수로는 천연우라늄을 핵원료로 사용한다. 천연우라늄은 핵폭탄의 원료로 쓰이는 플루토늄이 많이 나온다. 플루토늄은 방사성 독성이 강하며 흡입되어 몸속에 들어가면 허파와 골수에 영향을 미쳐서 폐암이나, 흔히 뼈암이라 부르는 골육종을 유발한다고 한다. **월성원전은 우리나라에서 유일한 중수로형 핵발전소다.**

원자력안전법 제89조에 따라 일반인 출입 및 거주를 통

---

11 출처: 원자력안전위원회 원자력안전규제 용어사전
12 『한국탈핵』, 김익중, 한티재, 2013, p.111
13 출처: 원자력안전위원회 원자력안전규제 용어사전

제하는 제한구역은 중수로인 경우에 914m, 경수로는 560m
인데, 황분희 부위원장의 집은 제한구역에서 300m 거리에
있다.

"기자님도 지금 숨 쉬고 있는 중에 피폭이 되고 있어요."

나야 어쩌다 들르는 외부인이지만 이곳에서 계속 살고
있는 주민들은 어찌하나, 아이들만큼은 방사능 위험 없는
지역에서 키우고 싶다는 소망이 이곳 주민들의 속 타는 심
정이었다.

월성 원자력홍보관과 이주대책위원회

월성 1호기는 1983년 4월 22일에 상업 운전 개시되었다.
3년 후인 1986년에 황분희 부위원장 부부는 울산시 동구에
서 경주시 양남면 나아리로 이주했다. 울산 현대중공업에
다니던 남편 건강 때문에 깨끗한 마을을 찾아왔다. 당시 세
딸이 12, 9, 6세였다. 근처에 핵발전소가 있는 줄도 몰랐다.
월성원전 1호기 한 대뿐인 시절이었다. 3년만 있다 나가려

고 했었다. 축사를 운영했는데 잘됐다. 대학과 취업으로 울산으로 나간 큰딸이 결혼하고 딸 하나를 낳고는 그만 낳겠다고 했다. 황분희 부위원장이 일하는 딸의 아이들을 키워주겠다고 했다. 2007년에 딸과 사위와 세 살이던 손녀가 나아리로 들어왔다. 그즈음 축사를 없애고 과수원과 밭을 일궜다. 2011년에 손자가 태어났다.

핵발전소가 위험한 줄 알았다면 딸네 가족을 들어오라고 했을 리 만무했다. 한국수력원자력이나 정부는 깨끗하고 안전한 원자력 덕분에 값싼 전기를 사용한다고 했다. 그 말을 믿었다. 이주 25년 후인 2011년 후쿠시마 폭발 후에야 핵발전소가 몸에 나쁜 걸 알았다.

1982년에 가동된 월성 1호기는 2012년이 30년 설계수명 만료 시점이었다. 그런데 2011년 후쿠시마 사고 한 달 전에 10년 수명 연장을 받았다. 마을에선 후쿠시마 사고 후 월성 1호기 재가동을 막으려고 탈핵운동을 시작했다. 월성 1호기는 2012년 10월 30일부터 2015년 6월 22일까지 가동을 중단했다가 당시 재가동 중이었다.

월성핵발전소가 위험한 이유는 중수로형 핵발전소 외에 또 있다. 핵발전소에서 쓰고 남은 핵연료인 고준위핵폐기물의 전국 53%가 월성에 있었다. 중수로는 운전하면서 매일 소량의 핵연료집합체를 교체하기 때문이다. 2017년 당시 임시저장고는 2019년에 포화상태가 된다고 했다. 최소 10만 년은 격리해야 하는 고준위폐기물의 처리장은 아직 세계에 없고 당시 유일하게 핀란드에서 건설 중이었다. 나아리 주민들은 정말 핵폐기물을 둘 데가 이곳밖에 없다면 완충 지역을 만들어 주민들을 내보내 달라고 했지만 아무도 응답하지 않았다.

"경주시장은 아마도 '보관세' 받기 위해 고준위핵폐기장도 유치하겠지요. 방사능 피해받는 소수 주민 희생시키고 어마어마한 돈이 경주 시민들한테 돌아가겠죠."

핵발전소가 그렇게 안전하고 깨끗하다면 전기에너지의 주 소비층이 사는 대도시, 특히 수도권에 지으면 이동 경로도 짧아지니 송전탑도 덜 세우고 좋지 않은가? 그러나 대부분 발전소는 대도시에서 먼 고령화·경제 낙후 지역에 위치한다. 밀양 송전탑도 마찬가지다. 대도시의 편리한 전력 소비를 위해 시골 마을의 희생을 강요하고 있다. 그리고 반발하는 주민들에게 님비현상이라고 손가락질한다. 과연 다수의 이익이 최선인가?

한수원은 주민 수용성을 높이기 위해 마을 대표들에게 지역상생협력금을 주며 사업을 해서 이익금을 나눠 가지라고 했다. 하지만 그 돈은 일부 사람들만 배부르게 하고 일반 주민들에게 돌아가지 않았다고 한다. 심지어는 이전 이장이 잘 모르고 썼다가 검찰 조사가 나오자 감당 못 해서 자살하는 사태도 벌어졌다고 한다.

2013년에 품질기준에 미달하는 부품들이 시험 성적서가 위조되어 수년 이상 납품되어 왔던 비리사건이 터졌으면서도 그동안 사고 안 난다고 장담하던 한수원에게 요청했다.

"한수원이 우리 집들을 양남면 시가대로만 사 주면 어디든 깨끗한 곳에 가서 살고 싶어요."

그러나 돌아오는 답은 방사능 기준치 미달이니 괜찮다, 이주시킬 법적인 근거가 없다뿐. 도리어 한수원에서는 주민들이 기자들 불러들이고 전국에 다니며 알려서 매매가 안 되는 거라고 탓을 했다고 한다. 마을 건물마다 공실이 눈에 띄었다. 건물주만 남고 세입자들은 빠져나간 상태였다. 나아리 400여 가구 중 자력으로 나갈 능력이 없는 주민 72가구만 이주대책위원회에 남아 있었다.

2016년 9월 12일 밤, 마침내 서울에서 꿈쩍하는 일이 벌어졌다. 경주에서 5.8 규모의 지진이 일어났다. 천재지변을 초월할 수 있는 그 어떤 생물체도 지구상엔 없다.

"문재인 대통령이 취임 전에 경주 지진 나고 제일 먼저 내려오셔서 따뜻한 말씀 해 주시고 가셨어요. 대통령 되면 탈핵 하겠다고 했으니 그리 해 주시겠죠."

부위원장은 며칠 전 찾아온 인터넷 신문 기자 명함을 보여 주며 그 사람도 어떻게든 알려 주겠노라고 다짐하고 갔다고 했다. 무얼 어떻게 해 주겠다고 장담할 처지가 못 되는 나는 애꿎은 홍보자료를 찾았다. 3년이 넘은 투쟁에 제대로 된 유인물 한 장이 없었다. 현수막도 다 찢어졌다고 했다. 재정적으로 어려우니 그저 다니면서 알리는 방법밖에 없다고 했다. 해는 지고 있었고 천막 안 열기도 점점 사그라졌다. 한 시간여 통분을 듣고도 내게 아무 힘이 없다는 사실에 낙담했다. 조용히 현수막을 보러 가자고, 가서는 찢어진 현수막을 잡고 서 보시라고 했다. 그렇게 찍은 사진이 그해 12월 한겨레신문 '한 장의 다큐'에 실렸다.

당신은 방사능 피폭 위험 지역에 들어오셨습니다

월성원전인접지역이주대책위원회 황분희 부회장은 30여 년 동안 경상북도 경주시 양남면 나아리에서 살고 있다. 집에서 1km 근방에 월성원전 1, 2, 3, 4호기와 신월성 1, 2호기가 가동 중이다.

일흔 살 자신은 5년 전 갑상선암이 발병했고

일곱 살 외손자 몸에서는 성인 세 배의 삼중수소가 검출됐다.

2017년 12월 16일이면 천막농성 3년, 1207일째.

사람들이 나이 들면 돌아온다는 정든 집을 그녀는 고희가 되어 간절히 떠나고 싶어 한다.

―2017년 12월 16일 한겨레신문 [한 장의 다큐]

갑상선암 피해자 기자회견

2017년 10월 11일 수요일 국회 정론관, '원전 주변지역, 갑상선암 피해자 대책 마련 촉구 기자회견'에서 황분희 부회장과 이상홍 경주환경운동연합 사무국장과 균도 씨와 그 아버지 이진섭 씨 등을 만났다.

균도 씨는 선천성 자폐로 발달장애인이었고 아버지는 이진섭 씨는 직장암, 어머니인 박 씨는 갑상선암을 앓고 있었다. 이들은 2012년 7월, 한수원을 상대로 한 건강권 손해배상청구소송에서 2014년 10월, 갑상선암 발생에 근 20년의 거주지 10km 이내에 있는 고리, 신고리 원전 6기 방사선 노출이 결정적 역할을 한다는 판결로 승소했다.

이 판결이 본보기가 되어, 이후 4개 원자력발전소 주변지역 618명 주민이 2015년부터 갑상선암 발병에 따른 피해보상을 요구하며 한수원을 상대로 2년 넘게 공동소송 중이었다. 핵발전소 가동 이후 반경 10km 이내에 5년 이상 거주한 이후 갑상선암이 발병해 수술한 주민들과 피해자 가족을 포함한 총 2,882명이 원고인 대규모 소송이었다. 5년 전 갑상선암 수술을 한 황분희 부위원장도 원고 중 한 사람이었다.

1992년부터 2011년까지 약 20년간 핵발전소 지역주민을 대상으로 한 역학 조사 '원전 종사자 및 주변지역 주민 역학조사 연구(2011)'(한국전력공사 발주, 교육과학기술부 운영, 서울대학교 의학연구원 원자력 영향·역학 연구소 수행)에 의하면 **"핵발전소 주변 지역에 사는 여성들에게는 발전**

소와 관련이 없는 지역에 사는 여성들에서보다 갑상선암이 2.5배 발생한다"라는 결론을 도출해낼 수 있다. [14]

나아리에서 신경주역까지 차로 한 시간, 신경주역에서 서울역까지 KTX로 두 시간, 서울역에서 국회의사당까지 택시로 30분. 새벽밥 먹고 서울로 올라와 고작 30분에서 한 시간 기자회견이 끝나자마자 다시 그만큼 걸려 돌아가면서도, 다음 날 아침부터 경주 시내에서 탈핵 도보순례를 해야 한다고 바삐 내려가는 이들을 서울역까지 배웅했다. 70세에 소화하기엔 버거운 일정이었지만 황 부위원장은 청년처럼 씩씩했다.

원전 주변지역, 갑상선암 피해자 대책 마련 촉구 기자회견

2차 촬영

10월 13일 금요일, 2차 촬영을 하러 다시 고리핵발전소를 찾았다.

14 원전 주변지역, 갑상선암 피해자 대책 마련 촉구 기자회견 보도자료-『탈핵학교』, 김익중 외, 반비, 2014, p.41~42

갈 때마다 하늘이 도와 날씨가 쾌청했다. 지난 촬영 때 흰 구름이 맞아 주었다면 이번에는 흰 파도가 기다리고 있었다. 임랑해수욕장 백사장에 앉아 있자니 언어로 표현하지 못할 세계의 자유로움이 마음을 채웠다. 어휘를 선택하느라 긴장할 필요 없이 뷰파인더에 집중했다. 구도를 선택하고 초점과 조리갯값을 맞추다가 문득 내가 혼자서도 외로워하지 않고 있다는 사실을 알아챘다. 경이로운 자연 속에서 찍고 있는 내 사진이 메시지를 담고 있기 때문이었다. 하지만 이 아름다운 곳에 핵발전소라니 마음이 쓰렸다.

위험 출입금지 너머 고리핵발전소

경주 월성 앞바다는 부산 고리보다 더욱 짙푸르렀다. 핵발전소 앞에 몰아치는 흰 파도를 찍었다. 방파제에는 고리에서와 마찬가지로 낚시를 하는 사람들이 많았다. 이주대책위 농성천막 안에는 황분희 부위원장이 기다리고 계셨다.

"아이고, 이렇게 혼자 다녀. 고생스럽게."

점심을 먹었냐고 물으셨다. 한 손엔 렌터카 핸들, 한 손엔 찐 고구마를 들고 먹으며 운전해 온 길이었다. 먹을 시간이 없었다고 답하자, 손수 키운 단감을 먹으라고 주셨다. 한수원에선 기준치 미달이라고 주장하지만 방사능 오염 지역에서 생산한 과일을 먹기란 쉬운 일은 아니었다. (경북대학교 방사선과학연구소에서 진행한 월성원전 주변 농산물 2017년 환경방사능 조사에 의하면, 감에서는 14.4Bq/L의 삼중수소가 검출되었다.[15]) 그런데 황분희 부위원장은 그 땅에서 30여 년을 살아온 사람이었다. 갑상선암 수술도 받았다. 이주하고 싶어도 꼼짝 못 하고 살고 있다. 딸과 사위와 손주들 몸에 피폭이 되는 걸 알고도 어쩔 수 없이 살고 있는 사람이었다. 그런 분 앞에서 어찌 못 먹어요, 라고 말할 수 있겠는가. 20여 년간 친환경 유기농산물 협동조합원인 나는 단감을 휴지로 닦아 껍질째 우적우적 씹어 삼켜 우정을 보여 드렸다.

마을 주민들 이름을 쓴 가관(假棺)들

15 원전 인근 주민 이주의 필요성과 입법 과제 세미나 자료, 2018.9.17

황분희 부위원장은 나아리 사람들과 함께 매주 월요일 아침 출근 시간마다 상여를 끌고 월성원전 앞까지 행진한다. 그리고 매주 목요일 오전 10시부터 경주시청 앞부터 경주역, 성동시장을 거쳐 다시 경주시청으로 가는 경주 탈핵 도보순례를 한다.

"여러분이 흥청망청 전기를 쓸 때 희생하고 있는 지역민들이 있다는 걸 기억해 주면 좋겠습니다. 여기는 죽음의 동네예요. 이렇게 위험한 걸, 이거 터지면 여기뿐만 아니라 울산, 부산 모두⋯⋯."

경주 시민들은 나아리에 대해 얼마나 알고 있을까? 서울을 비롯한 대도시 시민들은 과연 자신들이 쓰고 있는 에너지원 때문에 핵발전소 주변 사람들이 죽어 가고 있다는 사실을 알고 있을까? 안다 한들 자신의 편리를 포기할 마음이 손톱만큼이라도 있을까?

노후원전 월성 1호기 폐쇄

2장

2017~2018년, 신고리와 서울

나아리에 가기 닷새 전인 2017년 8월 17일, 서울 양재동에 있는 행정법원에 갔다.

559명의 원고와 그린피스가 함께 하는 560 신고리 5·6호기 건설허가처분 취소소송 제2차 공판이었다. 6월 29일 첫 재판을 놓치고는, 그린피스에 나온 참관 모집 공고를 보고 신청 후 찾아갔다.

신고리 5·6호기 건설허가처분 취소소송은 국제 환경단체 그린피스가 일반시민 559명을 모집해 그린피스 포함 560인의 국민소송단을 구성하여 원자력안전위원회를 상대로 제기한 소송이다. 이 소송은 2016년 6월 23일 원자력안전위원회의 신고리 5·6호기 건설허가 승인 결정으로부터 시작되었다. 건설허가 승인 과정에서의 적법한 안정성 평가 결여, 주민 의견 수렴의 미비함, 지진 위험성 평가의 미흡성 등이 소송 근거였다.

몇 년간 국내 굵직한 공개재판장에 좀 다녀본 내 눈에 그 공판은 아주 특이했다. 공개재판 전에 담당 변호사들이 당일 있을 공판 설명을 하고, 두어 시간의 공판 이후에 방청객들을 찻집으로 인도해 그날의 공판을 해설해 주었다.

첫 참관 이후 9월 28일, 11월 9일, 11월 28일, 12월 21일

과 2018년 2월 1일 공판을 참관했다.

그사이 2017년 10월 13일부터 15일까지 신고리 5·6호기 공론화 471명 시민대표참여단 종합토론회가 있었고, 10월 20일 건설 재개(59.5%), 원전 축소(53.2%), 건설 재개에 따른 보완조치로 첫째, '원전의 안전기준을 강화해야 한다.'(33.1%), 둘째, '신재생에너지 비중을 늘리기 위한 투자를 확대해야 한다.'(27.6%), 셋째, '사용 후 핵연료 해결방안을 가급적 빨리 마련해야 한다.'(25.3%), 그 외 서술형 답변을 통해 '원전비리 척결 및 관리에 대한 투명성을 강화해야 한다.'(총 74명), '원전 주변의 부산·울산·경남 등 지역주민들의 생명·건강·안전·보상 등의 대책 마련이 필요하다'(총 59명)라는 의견 등의 권고안이 발표되었다.[16]

신고리 5·6호기 공론화로 인한 건설 재개에도 소송은 계속되었다.

공판 내내 눈에 띄는 이들이 있었다. 559명의 시민 원고 중 한 명인 말간 얼굴의 젊은 엄마와 세상이 마냥 즐거워 보이는 포동포동한 아이는 누가 봐도 예쁜 모자였다. 미시족처럼 보이는 엄마는 세련된 패션의 특이한 완성처럼 휴대용 도시락을 갖고 다녔는데 아이를 위한 친환경농산물 간식이었다. 그들은 매 공판에 빠지지 않고 참석했다.

아이의 엄마인 고이나 씨는 스리마일 섬 핵발전소 사고가 난 1979년 겨울에 태어나, 체르노빌 핵발전소 사고가 난 1986년 초등학교 입학을 했으며, 후쿠시마 핵발전소 사고

16 신고리 5·6호기 공론화위원회 보도자료, 2017.10.20

가 난 2011년 임신과 출산을 했다. 자연분만과 모유 수유를 한 그이는 2012년, 한살림 조합원 가입으로 친환경 먹을거리를 이용했다. 2013년 가을, 친환경농산물 방사능 검사에 관한 기사를 접하고는, 방사능과 관련된 아이들의 먹을거리와 환경의 중요성을 깨달은 엄마들이 모인 인터넷 카페에 가입했다. 육류는 원래 잘 먹이지 않았지만, 방사능의 심각성을 깨달은 이후로는 안전성이 입증되지 않는 해산물도 차단하기 시작했다. 2014년 말, 아이가 세 돌 지나면서 오프라인 활동을 시작했다. 2015년 1월, 일본수산물 수입 반대 기자회견을 시작으로 월성 1호기 수명연장(2월 27일 새벽 1시) 반대 시위 등 탈핵 카페 회원으로서 본격적인 행동을 시작했다. 일주일에 한 번 아이와 함께 외교부 앞에서 '일본수산물 수입 반대' 1인 시위를 했고, 환경운동연합과 시민방사능감시센터 회원이 되어 관련 행사에 줄곧 참여했다.

고이나 씨는 2016년부터 원자력안전위원회 회의를 방청하기 시작했는데, 첫 방청 안건이 '신고리 5·6호기 건설허가(6월 9일)'였다. 그리하여 9월 12일에 117번 원고로 신고리 5·6호기 건설허가처분 취소소송을 했다. 그이의 탈핵 활동은 공판 참석 외에도 시민방사능감시센터 회원으로서도 왕성했다. 그 활동을 따라가 보았다.

2018년 2월 22일 원자력안전위원회 회의가 있던 날, 후쿠시마 8개 현 28종 수산물 수입금지에 대한 세계무역기구(WTO) 분쟁에서 우리나라가 패소했다.

다음 날인 2월 23일 오후 서울 광화문광장에서 열린 시민방사능감시센터의 '일본산 식품 수입 강요하는 세계무역기구(WTO)규탄 기자회견'이 있었다.

일본이 수입금지를 풀라며 제소한 28개 품목에는 전복, 알래스카 명태, 날개·눈·참·가·황다랑어, 금눈돔, 멸치, 청새리상어, 악상어, 첨연어, 멍게, 방어, 살오징어, 전갱이, 정어리, 대구, 참굴, 꽁치, 가리비, 망치고등어, 고등어, 청·황새치, 밤나무·참·대문어가 있었다.

2018년 3월 8일 목요일 오후 2시, 국회의원회관에서는 'WTO 패소 일본산 식품 수입규제 방안은 무엇인가?' 긴급 토론회가 있었다.

마침 이날은 '세계 여성의 날'이라 국회 세미나실이 몹시 붐볐다.

송기호 변호사와 원안위 위원인 김혜정 시민방사능감시센터 운영위원장이 발제했다.

놀라운 것은 일본 정부가 후쿠시마 방사능 오염수 해양 유출을 공식화하고 있었다는 사실이다. 도쿄전력은 2014년 8월 25일 기자회견에서 매일 태평양으로 스트론튬 50억 Bq(베크렐) 방출을 발표했고, 매일 세슘137 20억Bq, 삼중수소 10억 Bq을 배출했다. 그리고 더 놀라운 것은 오염수 유출이 진행형이라는 점이었다.

우리 정부는 2013년 9월 9일, '일본산 식품 방사능 대책 및 임시 특별조치'로 후쿠시마 인근 8개 현 모든 품목 수산물 수입금지, 일본산 식품에서 세슘 미량 검출 시 스트론튬, 플루토늄 등 기타 핵종 검사증명서 요구, 세슘 기준치를 370Bq/kg에서 100Bq/kg로 강화했다. 이것을 유지해야만 한다. 그런데 오염 원인국인 일본 정부는 일본산 식품 수입을 금지하는 중국(10개 현), 대만(5개 현), 미국(14개 현 일본의 출하제한 품목), 러시아(7개 현 수산 제품), 싱가포르(후쿠시마 수산물) 등 9개국 중 우리나라만 자기네 수산물에 차별적 조처를 한다며 오염수산물을 수입하라고 2015년 5월, WTO에 제소한 것이다. 그런데 그 이후, 우리 정부는 민간전문가위원회 활동을 중단하고 WTO 제소 대응 관련 계획이나 활동 내용을 공개한 바가 없다. 우리는 그사이 두 정부를 겪고 있었다. 그리고 제소일로부터 60일 안에 상소 보고서를 제출해야 했다.

일본산 식품 수입규제 WTO 패소 대응 긴급 토론회

3월 17일 월요일 오전 11시 일본대사관 앞, '일본산 식품

수입규제, WTO 패소 대응 촉구 기자회견' 날은 몹시 추웠
다. 소녀상 뒤에 나란히 선 시민방사능감시센터 회원 중 갓
백일 된 아기를 안고 나온 엄마도 있었다. 일본 후쿠시마 핵
발전소 사고는 7년이 지난 시점에도 수습이 완료되지 못했
고 매일 방사성 오염수 수백 톤이 해양으로 유출되고 있었
다. 당시 아베 총리는 경기를 살리겠다고 후쿠시마 수산물
을 먹는 퍼포먼스도 감행했다. 자국민도 불안해서 먹지 않
는다는 걸 역설적으로 보여 주는 장면이었다. 그런데 수입
거부하는 우리나라를 WTO에 제소하고 자기네 수산물을
먹으라고 강요하고 있었다. 최종 확정이 되어 상소 후에도
우리나라가 패소하게 되면 우리는 일본산 방사능 오염 수산
물을 밥상에 올릴 수밖에 없다. 문제는 이러한 절박한 상황
을 많은 이들이 모르고 있다는 사실이다.

일본산 식품 수입규제, WTO 패소 대응 촉구 기자회견

3월 18일 정오, YWCA 제200차 탈핵 캠페인이 있었다.

2014년 3월 11일 이후 매주 화요일마다 YWCA가 전국에서 탈핵 캠페인을 해 온 지 4년 만이었다. '정의로운 에너지 시민의 힘으로'라는 주제로 200여 명의 시민이 참여했다. 신고리 5·6호기 건설취소 소송단인 고이나 씨를 포함해 시민방사능감시센터 위원 두 분도 참가했다.

발언과 공연과 행진으로 이루어진 '흥겹수다! 탈핵 한마당!'은 점심시간을 거쳐 독일 지구의 벗 BUND(독일환경자연보전연맹) 리차드 메르그너 부회장의 강연으로 이어졌다.

독일은 1986년 4월 26일 체르노빌 핵발전소 사고 이후 40년 동안 환경단체와 시민들이 핵에너지 반대 운동을 해 왔다. 이에 독일 정부는 후쿠시마 핵발전소 사고가 난 2011년 여름에 8개의 핵발전소 즉각 폐지를 선언했다. 그리고 2022년까지 핵에너지 완전 폐지를 목표로, 에너지전환을 위해 전력 회사들이 재생 가능 에너지로 전기를 생산할 수 있도록 20년간 관세 혜택을 보장하고 있었다.

우리도 태양열, 지열, 풍력, 조력, 바이오매스까지 재생 가능 에너지를 개발할 수 있다. 후쿠시마 핵발전소 사고에서 보았듯이 핵발전소의 위험은 이미 우리 통제선을 넘었다. 경주와 포항의 지진을 무슨 수로 막는단 말인가. 게다가 핵폐기물 처리는 전 세계의 골칫거리다.

2018년 4월 20일, 방사능으로부터 밥상 안전을 지키는 30일 집중 시민행동 마무리 기자회견 '우리는 후쿠시마 방사능 수산물 먹고 싶지 않다'가 있었다. 후쿠시마 수산물 수입금지 서명에 28,000여 명이 참여했음을 알리고, WTO 패소 강력대응 촉구 홍보 활동과 면담 요청 등 캠페인을 지속할 것을 다짐했다. 국민 안전을 위해 움직이는 시민들, 특히 식탁 주권을 지키려는 여성의 열기가 뜨거웠다. 한 나라의 핵발전소 사고가 다른 나라와 세계에 어떤 위협을 가져오는지 여실히 보여 주는 상황이었다.

2018년 5월 24일 목요일 서울 광화문 KT 앞에서 월성 1호기 수명연장 허가 무효 국민소송인단 기자회견이 있었다. 5월이었지만 바람이 찼다. 황분희 부위원장은 이른 아침부터 나아리에서 서울까지 올라와 지역의 현실을 알렸다. 무보수로 도움을 준다는 변호사들도 참석했다.

'수많은 안전성 미달 및 미검증 논란, 결격사유 위원의 의결 참여, 과도한 사무처 전결 등을 근거로 2017년 2월 7일 서울행정법원은 수명연장 허가를 취소하는 판결을 내렸다. 하지만 무슨 이유인지 월성 1호기는 폐쇄절차에 들어가고 있지 않았다. 월성 1호기 수명연장 허가 무효 국민소송은 2018년 5월부터 2심 진행 중이었다. 국민소송인단은 '원자력안전위원회가 항소를 포기하고, 월성 1호기 수명연장 심사 과정의 문제점부터 조사해야 한다. 정부 역시 미루지 말고 월성 1호기 폐쇄 이행 절차에 들어가야 한다.'라고 주장하며, '이와 함께 월성원전 앞 방사능 피해 주민들의 이주요구에 응답하라.'고 했다.

후쿠시마 핵발전소 사고 여파로 전 세계 식탁이 위협받

는 통에 낙후한 월성 1호기 수명을 연장한다니 위험천만하
지 않을 수 없었다. 이 위험에 시민들이 적극적으로 대응하
고 있었다.

월성 1호기 수명연장 허가 무효 국민소송인단 기자회견

3장
2018년, 영광부터 서울까지

2012년 말에서 2013년 초, 부산에서 울진까지 7번 국도를 교육방송 다큐멘터리로 제작했었다.

　이후 산티아고 순례 후, 언젠가는 7번 국도를 걸어 봐야겠다는 생각을 하고 있었다.

　그러던 중 '탈핵희망국토도보순례' 기사를 보았다. 부산 고리에서부터 걸어와 2018년 2월 10일에 서울 광화문에 도착한 이들을 찾아갔다. 기자회견 사진을 찍고는 대표로 보이는 사람에게 가 인사를 했다. 명함을 받아 보니 강원대학교 성원기 교수였다. 이어 무리가 어디론가 이동했다. 그때 성 교수가 내게 식사하러 가는데 같이 가자고 했다.

　"제가 한 게 뭐가 있다고 밥을 먹어요?"

　"아니, 작가라면서 이럴 때 취재해야죠."

　그는 서울 깍쟁이 같은 계산식에 직업정신을 들이대며 나를 이끌었다. 좋은 사람이지 싶었다. 밥이 사람 마음을 얼마나 누그러뜨리는지 한국인이라면 누구나 안다. 수십, 수백 km 걸어온 사람들과 밥을 먹으면서 멀리서 성원기 교수를 지켜보았다. 자기를 드러내고 싶어 안달하는 사람들과는 조금 달라 보였다. 함께 도보순례를 하며 그의 이야기를 들어 봐야겠다는 마음이 일었다.

마침내 기다리던 여름이 왔다. 그런데 출발 24시간 전, 동네 계단에서 발을 헛디뎌 넘어져 왼쪽 발목 인대를 다쳤다. 대입학력고사 일주일 전, 유럽여행 열흘 전, 탈핵희망국토도보순례 이틀 전인 이번에도 똑같은 일이 벌어졌다. 이 정도면 징크스. 그나마 다행인 건 처음엔 목발을 짚어야 했지만 두 번째는 반깁스, 세 번째엔 압박붕대로 점점 증세가 가벼워졌다는 점이다. 하지만 가야 할지 말아야 할지 고민이 되었다. 다친 다리로는 도보로 순례할 수 없다. 그러나 한번 먹은 마음 돌이킬 순 없었다. 예매했던 차표를 모두 취소하고 슬리퍼를 신고 자동차 핸들을 잡았다.

2018년 6월 22일(금) 서울~영광성당

개인 일정을 마치고 출발했을 때는 오후 6시. 길은 꽉꽉 막혀 있고 7시까지도 서울을 벗어나지 못했다. 운전 경력 24년이지만 300km 넘는 장거리를 혼자 운전하긴 처음이었다. 게다가 날벌레들이 몸을 던져 눈처럼 차창을 뒤덮는 밤 운전에 온몸이 긴장했다. 무엇보다 힘들었던 건 이라크 파병을 막으려면 휘발유를 쓰는 자동차부터 타지 말라고 하셨던 故 권정생 선생님 말씀이 마음을 무겁게 누르는 것이었다.

영광성당에 도착했을 때는 밤 11시. 성원기 교수가 주차장에 나와 있었다. 그런데 그의 오른쪽 발에도 붕대가 칭칭 감겨 있었다. 열흘 전, 맨발로 산행을 하다 돌부리를 걸어찼는데 오른쪽 새끼발가락이 골절되었다고 했다. 다른 것도 아니고 '도보'순례에 걸을 수 없는 두 사람이라니 기묘한 인연이었다.

2018년 6월 23일(토) <306구간> 영광핵발전소~영광군청~영광성당 21.9km

아침 6시 40분, 8명이 영광성당 앞에 모였다.

영광터미널에서 한 명을 더 태워 근처 콩나물국밥집으로 갔다. 식전과 식후에 기도했다. 잠시 후 한 명이 더 왔다. 서울, 삼척, 성남, 청주, 김해, 광주 등지에서 10명이 모여 영광한빛핵발전소를 향해 출발했다. 원래 버스를 타려고 했었는데 내가 오는 바람에 차 두 대로 전원이 출발지점까지 이동할 수 있었다. 민폐를 끼칠까 봐 전전긍긍하던 내가 소용되어 다행스러웠다.

오전 8시 30분, 한빛핵발전소는 거대한 돔들로 모습을 드러냈다. 그 기괴한 형상에 기겁했다. 불안에는 근거가 있다.

한빛원전은 총 6호기다. 1호기는 1986년 8월 26일에, 2호기는 1987년 6월 10일에, 3호기는 1995년 3월 31일에, 4호기는 1996년 1월 1일에, 5호기는 2002년 5월 21일에, 6호기는 2002년 12월 24일에 상업 운전을 시작했다.[17] 그런데 2016년 6월 한빛 2호기 원자력발전소 격납 건물 철판 부식 발견 뒤 한국수력원자력이 전체 원전을 점검하면서 부적절한 검사 방식을 사용해 안전기준(5.4mm)에 못 미치

17 원자력안전위원회 원자력안전정보공개센터 원자로 안전
https://nsic.nssc.go.kr/nuclear/operatingNppHanbit.
do?nppKey=CMN0240102

는 '불량 철판' 수가 축소된 것으로 감사원의 감사 결과 드러났다.[18] 그리고 한빛 4호기에서는 2017년 6월에 증기발생기 1번에서 계란형 금속 1개, 7월에 증기발생기 2번에서 길이 10cm가 넘는 망치머리형 금속과 와이어, 2개의 이물질이 발견된 데다 돔 건물 콘크리트 외벽에 구멍까지 발견되었다.[19]

《탈핵신문》에는 다음과 같은 내용이 있었다.

"1993년, 한빛 3·4호기 시공 당시 현장 노동자들의 제보는 2,000여 건 이상에 달했고, 광주전남, 영광에서 안전성에 대해 국정감사를 요구했었다. 당시에도 한수원과 원자력안전기술원, 전문가들은 '안전하다', '부실시공은 없다'고 앵무새처럼 이야기했던 모습은 지금과 똑같다. 과거에 제기된 한빛 3·4호기에 대한 진실은 20여 년이 지난 지금, 하나둘씩 사실로 드러나고 있다. 안전이 최우선이 되어야 할 핵발전소가 부실시공, 부실관리, 부실검사로 운영되어 온 것이다. 5공화국에 뿌리를 두고, '한국형 원전'이라는 이름으로 변형되어 만들어진 한빛 3·4호기, 이명박 사장의 현대건설이 시공하고, 두산중공업의 증기발생기가 핵심 설비로 들어가 있는 핵발전소는 적폐의 총화이다." (탈핵신문 제56호, 2017년 9월호, 이경희-광주환경운동연합)

18 한겨레신문, 감사원 "한수원, 격납고 철판 두께 잘못 측정했다", 2018.6.28
https://www.hani.co.kr/arti/economy/marketing/850926.html
19 탈핵신문 2017년 9월호 (제56호), 영광한빛 4호기, 총체적 부실 시공·관리 "조기 폐쇄하라", 이경희(광주환경운동연합), (http://www.nonukesnews.kr)

당시 3·4호기는 계획예방정비로 정지 중이었지만 불안감이 팽배한 발전소 앞에 영광에서 활동 중인 탈핵운동가들이 모였다. 성원기 교수와 황대권 영광핵발전소안전성확보를위한공동행동대표가 '핵발전소 폐쇄' 및 '신규 핵발전소 건설 중단', '사용 후 핵폐기물의 재처리 중단과 안전한 관리' 요구 발언을 했다.

영광한빛핵발전소 앞에서 생명의 꽃을 피우다

기자회견에 이어 순례자들이 각자 소개를 했다. 그리고 박소산 학춤명인이 선학천무(仙鶴天舞)를 추었다. 죽음의 돔 앞에서 대지에 생수를 뿌려 꽃을 피우는 몸짓이 날아올랐다.

전국에서 모인 순례자들이 순례자 명부와 탈핵희망국토도보순례 흰 깃발에 이름을 기록하고, 앞뒤로 몸자보를 달고, 배낭에 깃발을 한두 개 꽂고, 손에는 현수막과 전단을 손에 들고 출발했다. 탈핵희망국토도보순례는 보통 전국 핵발전소에서 출발해서 서울 광화문까지 걸어간다. 모든 결정이 서울에서 이루어지기 때문이었다.

탈핵희망국토도보순례는 2013년 6월 6일 고리에서부터 해마다 여름과 겨울 6년째 305일간 5,460.7km를 걸었다. 2018년 여름 순례는 6월 23일부터 7월 15일까지가 1차, 삼복더위를 피하고 8월 20일부터 25일까지가 2차로 총 29일간 549.5km를 걷는 일정이었다. 그중 첫날은 영광한빛핵발전소부터 영광군청을 거쳐 영광성당까지 306구간 21.9km였다. 하루치가 한 구간이다. 누구든지 하루, 한 구간씩 이어 갈 수 있는 자유로운 순례였다.

도보순례는 보통 한 시간에 4km쯤 걷고 화장실이 있는 곳에서 10분 정도 쉰다.

첫 휴식지로 홍농성당에 들렀을 때였다. 성당에서 공사 중이던 한 분이 전단을 성원기 교수에게 되돌려주며 이곳에는 핵발전소에서 일하는 사람들이 많으니 이런 것 주지 말라고 했다.

핵발전소 인근 주민들은 본인이나 자녀가 핵발전소에서 일하는 경우가 많다. 일자리와 생명안전 사이에서 그들에게 선택의 여지는 없었다. 당장 먹고살 일이 급하니 눈에 보이지 않는 방사능이나 언제 날지 모르는 사고는 다음 문제일 것이다.

순례자들이 영광성당에 도착했을 때는 오후 5시쯤. 도보순례 첫날에 21.9km는 전혀 짧지 않은 거리였다. 한여름 맑고 화창한 날씨는 보기에는 좋지만, 고온과 자외선을 동반해 피부를 공격한다. 하필 이날은 오존주의보가 내려진 날이었다. 기온이 높아질수록 발걸음이 느려져, 차로 가면 20분 거리를 8시간 걸려 걸어왔다.

306구간 순례 나눔을 했다. 한 사람도 빠지지 않고 공평하게 발언했다.

마지막 나눔은 성원기 교수였다.

"지금은 탈핵운동 할 시대입니다. 후쿠시마, 체르노빌 핵발전소 사고를 보며 어떤 형태의 노력이든 노력을 하는 것이 나라다운 나라를 만드는 것입니다. 핵으로부터의 독립운동이 탈핵운동입니다. 우리처럼 실제 걸으면서 하는 운동 방식 순례가 2013년부터 6년째 이어지고 있는 것은 하느님의 섭리입니다. 이 자체가 시대 표상입니다. 세상에 위험을 알리는 행동을 할 뿐, 그 세상을 이루는 건 하느님 뜻입니다. 오늘 우리가 흘렸던 땀방울은 핵 없는 세상을 만들 것입니다."

2018년 6월 24일(일) <307구간> 영광성당~하상성당~월야면사무소 17.8km

아침 7시에 모여 밥을 먹고 오니 어젯밤 광주에 갔던 수사님이 돌아오셨다. 이 도보순례는 누가 언제 들고 나는지 예측할 수 없었다. 인원도 최소 두 사람부터 몇십 명까지 매일 다르다. 이날은 8명의 순례자 중 2명이 환자니 6명이 출발을 했다.

영광성당부터 월야면사무소까지 17.8km가 307구간 코스였다. 이날 역시 폭염이었다.

오전 코스에는 인도가 거의 없었다. 여름 햇볕이 포악하게 내리쬐는 가파른 차도 옆으로 깃발을 든 사람들이 터벅터벅 걸어가고 있었다. 긴팔 상의에 긴바지 챙 넓은 모자와 마스크는 필수였다. 순례자들이 터널을 지나 자동차전용도로를 걸어가는 동안, 성원기 교수와 나는 차로 앞질러 가 길가 조경공원에 앉았다.

성원기 토마스 모어

성원기 교수는 1986년에 강원대학교 교수가 되었다. 그는 전자공학과에서 제어시스템을 전공했는데, 핵발전은 정교한 제어시스템이기에 그 물성을 이해할 수 있었고 핵발전소의 본질이 뭔지 정확히 깨달을 수 있었다.

성원기 교수가 탈핵을 위해 걷기 시작한 건 한국 삼척과 일본 후쿠시마 때문이었다.

2010년 12월 16일, 삼척시가 주민투표 없이 시의회 동의를 거쳐 한국수력원자력(주)에 신규 원자력발전소 유치신청을 했다.

2011년 3월 11일 후쿠시마 핵발전소 사고가 났다. 천주교 신자인 그는 그해 제주도 올레길 한 바퀴 400km, 산티아고 순례길 800km, 해남~고성 국토종단 700km를 기도하며 걸었다.

2012년에 삼척 시민들은 삼척 시장 주민소환 투표에 나섰다. 그런데 투표율 저조로 무효가 되었다.

2013년에 그는 매일 성체조배(聖體朝拜)를 하며 핵발전소에서 사고가 나지 않기를 기도했다. 그리고 6월 6일, 성당에서만 기도하지 않고 현장으로 가자고 결심하고 첫 탈핵희망국토도보순례를 했다. 심야버스 타고 고리핵발전소에 가서 길천성당에서 기도로 시작했다.

핵발전소 안에 가득 차 있는 어마어마한 양의 방사성 물질이 머리를 채웠다. 단순한 계산이었다. 발전소 한 기에서 일 년에 제2차 세계대전 히로시마 핵폭탄의 1,500발에 해당하는 방사성 물질이 만들어진다면, 30년이면 45,000발이 핵발전소 안에 쌓여 있다. 폭발하면 우리나라는 끝장난다고 생각하니 일단 기도하며 걸었다. 산티아고 순례길처럼 성당을 기점으로 이동하게 되었는데 6월 10일 포항 구룡포성당에서 닷새 순례의 마지막 기도를 올렸다.

그리고 잠시 직장인 강원대학교로 복귀했다가 학기를 마치고 다시 두 번째 걸음을 시작했다.

6월 28일~7월 9일 구룡포성당에서 삼척까지 12일간이었다. 이때 삼척핵발전소반대투쟁위원회 상임대표이며 '핵없는사회를위한공동행동' 공동대표인 박홍표 신부가 이 운동을 전국으로 확산시키라고 했다. 그에 따라 전국 운동으로 확대되어 구룡포성당부터는 여러 명이 모여 깃발 들고 몸자보를 하고 걸었다. 그렇게 시작한 탈핵희망국토도보순례가 만 5년째였다.

순례단이 도착할 때까지 핵발전소의 원리와 위험성에 대해 두 시간 가까이 그로부터 특강을 들었다. 그것을 정리하면 다음과 같다.

초간단 핵발전소 강의

핵발전이란 우라늄 양성자와 중성자가 핵분열할 때 발생한 열로 물을 끓여 수증기로 증기터빈을 돌려 전기를 만드는 것이다. 이때 방사능[20] 물질이 만들어진다. 방사능 물질은 방사선[21]을 내뿜는데, 방사선에 노출되면 모든 생명체가 피해를 입는다. 그런데 이 방사능 물질을 핵발전소 안에 완벽하게 가둬 둘 수 없다는 것이 비극의 시작이다. 방사능 물질은 핵연료봉 안에 100% 갇혀 있지 않다. 핵연료봉 피복관은 부식에 대한 저항이 강한 지르코늄(Zirconium)[22]으로 만든다. 하지만 핵분열로 발생한 방사능 요오드, 방사능 세슘 등 일부 핵종의 핵 방사능 물질은 피복관을 뚫고 나와 원자로의 냉각수를 오염시킨다. 원자로의 냉각수가 오염되면 공기와 해수를 통해 주변 지역으로 방사능 물질이 확산된다. 핵발전소 구조상 주변 지역 방사능 오염은 피할 수 없

20 불안정한 원자핵이 방사선을 방출하는 능력 또는 그 세기를 말한다. 방사능의 국제표준단위(SI)는 베크렐(Bq)이며, 종래의 단위는 퀴리(Ci)로 1Ci는 3.7×10^{10}Bq에 해당한다. 출처:원자력안전위원회 원자력안전규제 용어사전
21 불안정한 원자핵이 양성자 2개와 중성자 2개로 이루어진 알파입자, 전자, 전자기파인 감마선, X선, 중성자 등을 내놓고 안정한 원자핵으로 바뀔 때 내놓는 알파선, 베타선, 감마선, X선, 중성자를 말한다. 이들 방사선들은 공기를 이온화할 수 있는 능력을 가진다. 출처:원자력안전위원회 원자력안전규제 용어사전
22 지르코늄은 원자번호 40의 원소로서 은백색의 굳은 금속을 말하며, 이 지르코늄에 주석, 철, 크롬 등 다른 금속을 일정비율로 섞은 물질을 말한다. 고온에서 기계적 성질이 좋고 열중성자 흡수단면적이 작아 합금으로 하여 핵연료 피복재로 널리 사용되고 있다. 그러나, 사고 후 장기간 노심냉각이 이루어지지 않을 경우 핵연료 온도 상승으로 고온상태에서 핵연료 피복재인 지르코늄 합금과 냉각수(수증기)의 산화반응으로 수소가 발생하는 특성이 있어 원자로격납건물 내부에는 피동 촉매형수소재결합기와 격납건물 가연성기체제어계통 등을 설비하고 있다. 주석(Sn), 철(Fe), 크롬(Cr), 니켈(Ni), 나이오븀(Nb)을 일정비율로 섞어 다양한 지르코늄 합금을 개발 및 사용해 오고 있다. 출처:원자력안전위원회 원자력안전규제 용어사전

다. 핵발전소는 시스템 안정을 유지하기 위해 핵분열 에너지의 3분의 1만 전기 생산에 이용하고 나머지 에너지는 버려야 하는 한계를 가지고 있다. 초당 70t의 해수를 끌어들여 3분의 2의 에너지를 바다에 버리며 냉각시켜야 한다. 이때 해수 온도가 7℃ 상승한다. 수온이 상승하면 이산화탄소가 발생하고 해양 동식물에 영향을 미치는 건 당연하다. 그런데 냉각 기능을 가지는 해수 공급이 정지되면 사고로 직결된다. 해수는 전기모터펌프로 공급되며 전기가 공급되지 않으면 끝장난다. 그래서 사중 오중 비상 전기공급체계가 있다. 그러나 이미 운용자의 실수로 스리마일 핵사고, 체르노빌 핵사고가 발생했으며, 천재지변으로 인한 후쿠시마 핵사고가 보여 주듯이 그 모든 대비책이 무용지물이 된다.

핵발전과 핵사고가 위험한 이유는 방사선 피폭[23]이다. 이는 외부피폭과 내부피폭으로 나뉜다. 외부피폭은 바람이나 비 등을 통해 방사성 물질이 우리 몸에 들어오지 않고 방사선만 우리 몸을 통과하는 것이다. 이는 목욕하면 대개 씻겨 나간다. 내부피폭은 피부, 호흡, 음식을 통한 경우가 있다.[24]

방사능 오염은 고체, 액체, 기체에 방사성 물질이 존재하는 상태이다.[25] 방사능 측정은 보통 세슘 농도를 잰다. 다른 방사성 물질[26]도 많지만 세슘이 측정하기 쉽기 때문이다.

23 방사선으로부터 인체가 받는 영향을 말한다. 크게 인체 외부에서 발생하는 방사선에 의한 피폭을 외부피폭, 인체 내부에서 발생하는 방사선에 의한 피폭을 내부피폭이라고 한다. 출처:원자력안전위원회 원자력안전규제 용어사전
24 『한국탈핵』, 김익중, 한티재, p.94~97 참고
25 출처: 원자력안전위원회 원자력안전규제 용어사전
26 법령에서 정한 농도 이상의 방사능이 있는 물질을 말하며 핵연료물질·사용후핵연료·방사성동위원소 및 원자핵분열생성물이 포함된다. 출처:원자력안전위원회 원자력안전규제 용어사전

분자가 원자로 분해되는 데 5~7전자볼트(eV)가 필요하다. 그 이상의 에너지를 주면 분자로 이루어진 세포가 끊어지거나 파괴된다. X선은 10만eV이고, 방사능 세슘의 방사선 세기는 46만1000eV이다.

방사성 물질의 방사능이 반으로 감소하는 데 걸리는 시간을 반감기[27]라고 한다. 플루토늄의 반감기는 24,000년, 세슘의 반감기는 30년, 스트론튬은 29년, 요오드는 8일이다.

만약 방사능 세슘이 축적된 고등어 등의 음식을 섭취하면 인체는 세슘을 칼륨으로 오인해서 근육, 생식기에 축적한다. 세슘의 생체 반감기는 70일이며, 반감기가 반복되어 사라지려면 기간이 10배 정도 걸린다. 그렇다면 700일 동안 내부피폭이 진행되어 주변 세포핵의 DNA를 손상한다. 암의 발병 원인이 되는 것이다. 스트론튬은 체내에서 칼슘으로 오인돼서 뼈로 간다. 반감기는 29년이다. 방사선 요오드는 해초류에 많이 축적되며 섭취 시 갑상샘(선)에 저장된다.

당시 고리, 월성의 핵발전소 인근 주민 618명이 갑상선암에 걸려서 한수원을 상대로 집단소송 중이었다. 발병 원인을 핵발전소로 유추했기 때문이었다.

방사선비상계획구역(Emergency Planning Zone)에서 예방적보호조치구역은 핵발전소에서 5km까지이고, 긴급보호조치계획구역은 30km 반경까지다.[28] 핵발전소에 가까

27 특정 방사성핵종의 수가 방사성 붕괴로 인해 절반으로 줄어드는 데 걸리는 시간을 말한다. 내부피폭선량을 구할 때는 '생물학적 반감기'와 구분하기 위해 '물리적 반감기'로 표현하기도 한다. 출처:원자력안전위원회 원자력안전규제 용어사전
28 원자력시설에서 방사성물질 누출사고가 발생할 경우 주민을 보호하기 위해 효과적인 비상대책이 집중적으로 강구되어야 할 지역, 「원자력시설 등의 방호 및 방사능 방재대책법」개정·시행(2014.11.22), 행정안전부 정보공개

이 있을수록 피폭이 더 되는 건 상식이다. 피폭량과 암 발생은 정비례한다.[29]

국제방사선방호위원회가 제시하는 성인의 1년간 방사선 노출 허용치는 1mSv이다. 병원에서 흉부 엑스선 1회 촬영 시 약 0.1mSv가 측정된다. 그러나 이것은 관리기준치일 뿐 건강 기준치가 아니다. 유해한 것은 아무리 소량이라도 유해하기 때문이다.

핵사고 발생 원인은 세 가지이다.

첫째, 핵발전소의 구조상 냉각수 오염을 피할 수 없으며, 이로 인한 핵발전소 주변 지역의 공기, 토양, 해양이 핵 방사능 물질로 오염

둘째, 일본 히로시마, 나가사키처럼 핵폭탄 폭발

셋째, 핵발전소 폭발사고

둘째는 인간의 의지로 어찌해 볼 수 있지만, 첫째와 셋째는 막기 위해 최선을 다한다고 해도 일단 발생하면 속수무책이다.

이상 초간단 핵발전소 강의의 가장 중요한 요점은 핵발전소에서는 사고가 발생할 수 있는데 그 이유는 인간의 불완전성 때문이라는 것이었다. 재료 결함이나 불량, 부실공사, 노후, 환경 영향 등 사고 원인은 얼마든지 있을 수 있다. 어떤 이유로든 핵발전소에서 사고가 나서 유출되는 방사선에 노출되면 생명체가 죽는 것은 기정사실이다. 생명보다

29 『한국탈핵』, 김익중, 한티재, p.115

중요한 산업은 없다. 그리하여 핵발전소를 안전하게 관리하고 조기 폐쇄해서 핵사고를 막는 것이 탈핵희망국토도보순례의 목적이었다.

탈핵희망국토도보순례 이모저모

도보순례는 오전 8시 30분 전후로 출발한다. 보통 4km마다 쉬면서 오전에 10~12km 정도 걷고 12시~12시 30분이면 한 시간가량 점심을 먹는다. 어느 식당에 들어가든 거의 제일 싼 음식을 시키는데 시골 물가도 최저가가 7,000원이었다. 나는 이 도보순례단의 재정 상황에 민감했다. 공지사항에 참가비는 없는데 숙식을 어떻게 해결하느냐는 문제였으니까. 유심히 보니 식사 후에는 순례자 중 누군가나 지역단체 관계자가 아니면 성 교수가 결제했다.

알고 보니 그는 삼척핵발전소반대투쟁위원회 공동대표 명의로 된 통장에 수입과 지출을 일일이 기록하고 있었다. 그 통장이 회계장부였던 셈이다. 그의 인자하고 너그러운 성격 이면에 투명하고 철저한 돈 관리는 신뢰를 쌓기에 합당했다. 후원 계좌도 공개하지 않은 통장에는 순례길에서 단체나 개인이 직접 정성을 전달한 후원금이 백만 원 남짓 남아 있는데, 돈이 하나도 남지 않아야 정상이라며 그는 즐거운 투정을 했다.

우리나라는 2013년 10월 17일, 독일과 일본에 이어 세계에서 세 번째로 한국 천주교 공식 탈핵 선언을 했다. 그래서 천주교의 도움으로 순례 대부분 숙소는 성당이었다. 성당이 없는 읍면 소재지에서는 타 종교기관이나 지역 활동단체나 활동가들로 해결할 수 있었다. 생명을 살리는 일에 뜻을 함께하는 이들이 저마다 재량껏 동참했다. 사리사욕이 없는 곳에 선의의 베풂과 공유가 따르는 법. 순례자들은 오병이어의 기적을 맛보고 있었다.

월야면사무소에서 둘째 날 307구간 순례 나눔을 하는데 질문이 나왔다.

"홍보 전단지를 나눠 주다 핵발전소가 없으면 전기를 어떻게 쓰냐는 질문을 받았는데 어찌 대답할지 몰라 당황했어요. 교수님이 답을 알려 주세요."

"전기는 편리하게 살자고 만든 거지, 죽자고 만든 게 아니에요. 핵분열 전기 생산 방식 자체가 잘못이에요. 국내 전체 전기 생산량 중에서 핵발전소가 차지하는 비중은 30%입니다. 나머지는 화력, 수력, 재생에너지 등에서 생산하지요. 일방적 홍보와 왜곡된 인식 때문에 핵에너지를 쓰고 있지만 원래 사용해선 안 되는 거예요. 생존과 전기는 다른 차원의 문제예요."

다음 주말을 기약하고 순례자들과 헤어져 어느덧 43번 도로를 달리고 있었다.

2박 3일간 달리는 음악실의 친구였던 시와, 조성진의 쇼팽, 로스트로포비치의 바흐, 그리고 정태춘·박은옥 20년 골든음반의 첫 번째 CD가 좀 지겹다고 느껴질 즈음, 두 번째

CD를 플레이어에 넣었다. 처음 듣는 노래들이었다. 그러다 트랙 8번이 들려오면서부터 가슴이 맹렬하게 뛰었다. 막 핏빛으로 물드는 태양이 서해를 향해 곤두박질치는 시간에 하필이면 평택 미군기지를 지나고 있었다. 지난 5월에 광주에 다녀온 기억이 솟아나더니 눈물이 철철 흐르기 시작하면서 한마디가 떠올랐다.

'살육의 시대.'

총칼로 짓밟히던 시절을 지나 핵무기와 핵발전소로 생명을 위협당하는 시대에 우리는 살고 있었다.

공장에라도 나가서 돈을 벌라는 시인의 말을 뒤로하고, 승용차를 몰고 왕복 712km 달려 남들이 땡볕에 걷는 걸 구경만 하다가, 하루에 두 번 씻을 만큼 더운 여름날에, 이틀째 샤워도 하지 못한 채 시큼한 땀 냄새를 풍기면서 막판에 이 무슨 신파냐 싶었다. 그래서 8번부터 15번까지의 노래를 다섯 번 반복해 들었다. 들을 때마다 같은 대목에서 눈물이 솟구쳤다. 감상이 아니라 감동이었다. 정태춘·박은옥의 노래는 그 자체로 '르포'였다.

그제야 나는 알았다. 대충 진보적인 식자층이 쓸 것 다 쓰면서 입만 살아서 나불대던 '탈핵'이 비로소 머리에서 가슴으로 내려왔다는 것을. 그것은 온전히 이틀간 길 위에서 본 사람들 덕분이었다. 그들의 걸음은 '순례'라는 단어 외에는 달리 정확한 표현이 없는, 낭만이 완전히 배제된 고행이었다. 하지만 그 거룩한 고행길 위에는 예술작품처럼 아름다운 성당이 있고, 지친 걸음 후에는 각 고장의 명품 막걸리가 식탁에 오르며, 무엇보다도 건강하고 자유롭고 평등한 사람들과 함께 걷는 공존이 있었다.

핵 없는 생명 세상으로 나아가는 발걸음

핵발전소 폐쇄, 신규 핵발전소 건설 중단, 사용 후 핵폐기물의 재처리 중단과 안전한 관리를 이행하라! 지난 6월 23일 영광 한빛핵발전소에서 출발해 8월 25일 서울 광화문에 도착할 예정으로 출발한 도보순례. 폭염을 뚫고 '핵 없는 생명 세상'으로 나아가기 위한 그들의 걸음걸음은 '순례'라는 단어 외에는 달리 정확한 표현이 어려울 것 같은 고행의 연속이다. 이들 탈핵희망국토도보순례단은 2013년 6월부터 해마다 여름과 겨울에 한 차례씩 약 30일에 걸쳐 전국을 걸으며(총 11차례, 5400여km) '탈핵'을 요구해 왔다. 그 걸음이 올해도 이어지고 있다.

—2018년 7월 7일 한겨레신문 [한 장의 다큐]

소박한 삶이 생명을 살린다

2018년 여름 탈핵희망국토도보순례 전반기에서 성원기 교수를 제외하고 가장 많이 걸은 이는 네 명의 여성이었다.

멘나와 연화는 23일간 452.7km를, 모니카와 청명은 13일간 200km 이상 불볕더위를 뚫고 깃발과 현수막을 들고 유유히 걸었다.

그들 중 청주에서 온 청명이라는 이가 있었다. 언어치료사였는데 근무 시간을 조정해서 화, 수, 목요일만 일하고 매주 금, 토, 일, 월요일에 참가하고 있었다. 청명은 순례 내내 검정 티셔츠에 개량 한복 바지 단벌로 걸었다. 계절별로 옷이 두 벌씩만 있다고 했다. 어느 날 옷장을 열었는데 '왜 지금 당장 입지도 않는 옷이 저기에 걸려 있을까?' 하는 의문이 들었다고 한다. 광고 때문이었는지, 타인에게 잘 보이기 위함이었는지, 자신도 잘 모르는 소비를 왜 하고 있는지 자각이 들자, 그때부터 가진 물건들을 하나하나 살펴보기 시작했다고 한다. 그렇게 해서 제일 먼저 계절별 옷 두 벌로 살아 보기 시작했단다. 이후 냉장고, 세탁기 등 전자제품들을 없애고, 옷장과 서랍 등 시야에 보이지 않는 물건들을 비우고, 자전거나 버스를 이용하고 걷기를 주로 하며 에너지 사용 그래프를 만들었다고 한다. 그이는 새로운 형태의 '습(褶)'에 대해 고민하고 있었는데, 생산을 멈추기 위해 선택한 방식이 '소비하지 않기'였다.

10년, 20년 된 옷도 버리지 않는 나를 돌아보았다. 옷장에는 옷이, 신발장에는 신발이 가득 차 있는 걸 볼 때마다 버리지 못하는 생활습관 때문에 불편했었다. 그러니 물질로부터 자유를 터득한 청명의 삶은 매우 큰 도전이었다.

건설공사와 불가분의 관계인 핵발전소는 소비산업과 직결돼 있다. 그 구조를 아는 사람은 탈핵을 위해서라도 소박한 삶을 지향한다. 성원기 교수 역시 순례 내내 두 벌 옷이었다. 순례 때 몰고 와서 짐차로 사용하는 자동차는 2002년 형이었다. 학기 중에는 자전거로 출퇴근한다고 했다. 양복과 와이셔츠는 학생들에 대한 예의라고 생각하기에 대학교 연구실에 두고 강의할 때만 입고, 와이셔츠는 일주일에 한 번 세탁한다고 했다. 필요한 옷들이 점점 줄어들었다고 했다.

탈핵운동의 끝에는 소박한 삶이 있다. 순례단이 나눠 주는 전단에는 이런 구절이 있다.

"크고 높고 넓고 많은 것이 최고인 물질 가치 기준에서 정신, 문화의 가치가 우선되는 작고 낮고 좁고 적은 것에도 행복할 수 있는 소박한 삶으로 우리 각자 한 사람 한 사람의 생활 규범을 바꿀 때 지구도 숨 쉬고 탈핵의 길도 열리고 생명의 길도 열릴 것입니다."

2018년 7월 7일(토) <320구간> 궁동성당~한국원자력연구원(KAERI)~신탄진역 16.9km

한국원자력연구원(KAERI) 정문 앞에 도착했을 때는 오전 10시가 조금 넘었다.

연구원 앞에는 현수막이 주렁주렁 걸려 있었는데 그 중 눈에 띄는 문구가 있었다.

"원자력 없이는 대한민국 미래도 없다."

잠시 후 사람들이 도착하고 그 밑에 다른 현수막을 걸었다.

"핵폐기물 불법매각, 책임자를 구속하고 연구원장 파면하라."

11시쯤 '핵재처리실험저지30km연대'와 '탈핵희망국토도보순례단'의 기자회견이 있었다. 그때 새 현수막의 의미를 파악했다.

"(한국원자력연구원이) 고준위핵폐기물 3.3t, 중저준위핵폐기물 3만여 드럼이 보관된 핵폐기장이 되었고 핵재처리 실험은 2020년까지 계속되고 있다. 거기에 더해 지난 10여 년간 원자로 해체과정에서 나온 구리와 납, 금 등 금속폐기물 100여 톤 이상이 고물상으로 팔려 나간 범죄행위가 드러났다. 라돈 침대와는 비교할 수 없을 정도로 위험한 방사능 오염 고철들이 재활용되어 국민의 일상으로 파고든 이번 사태는 국가 재난이다. 그럼에도 원자력안전위원회와 정부는 방사선 영향이 미미하다는 근거 없는 결론을 내리고 원자력연구원 내 일부 부서의 문제로 축소하고, 팔려 나간 핵폐기물을 추적하여 회수하려는 시도조차 하고 있지 않는다."는 내용의 성명서를 한마디로 요약하면 원자력연구원에서 방사능 오염 고철들을 불법으로 고물상에 팔았고, 그것들이 우리 모르게 일상으로 들어온다는 말이었다.

'핵재처리실험저지30km연대'는 대전에서 이미 오래전부터 각종 핵사고가 발생해 왔고, 핵폐기물은 우리나라에서 두 번째로 많이 쌓여 있으며, "복잡한 처리 과정 중에 오히려 고·중·저준위폐기물이 다량 양산될 뿐"이라며 "핵 재처리 실험은 유성과 대전만의 문제가 아니라 만약의 경우 폭발사고라도 발생하면 적어도 반경 30km 안에 있는 주민들이 위험에 빠지게 된다"라고 했다. 한국원자력연구원 반경 30km에는 대전, 세종, 공주, 논산, 청주, 옥천 등 280만 주민이 살고 있었다.

한국원자력연구원 앞 기자회견

2018년 7월 8일(일) <321구간> 신탄진역~강서동성당 21.1km

청주에서 환경운동연합, 녹색당, YWCA, 생협 등의 활동가들이 대거 참가해 20명이 넘었다. 청주에서 함께한 순례자들은 간식과 도시락 등 준비성이 철저했다. 내 몸과 우리 농업을 지키기 위해서는 시간을 쪼개 쓰는 부지런함이 필수다.

2018년 7월 14일(토) <327구간> 음성 삼성성당~용인 백암성당 24.6km

2018년 여름 순례를 시작한 지 4주째 주말마다 순례에 참가했다. 네 명의 순례자들을 만난 건 충북 음성 삼성면 대사리 경로당 근처에서였다. 대도시가 아닌 시골에는 순례 참가가 현격히 줄어든다. 폭염주의보가 내려졌던 이날, 순례자들은 바람을 일으키며 지나가는 대형 차량에 고마워할 정도였다.

2018년 7월 15일(일) <328구간> 백암성당~용인성당 22.2km-전반기 끝

전반기 순례 마지막 날인 이날은 두창초등학교, 헌산중학교 등의 학생들과 학부모들 그리고 페르페투아 수녀님이 함께 걸었다. 20명이 넘는 많은 인원에 나이와 체력 차이로 순례 줄도 그만큼 길게 늘어졌다. 인도가 없는 위험한 길이 대부분이었고, 중간에 터널을 지날 때는 매연보다 굉음에 고통스러웠으며, 자동차 전용도로를 지날 때는 시속 80km로 쌩쌩 달리는 차가 옆을 스칠 때마다 몸서리쳐야 했다. 그럼에도 부모와 함께 걷는 아이들 모습에서 희망 담긴 미래가 보였다. 마지막 3km를 남겨 두고 일사병 위험 때문에 페르페투아 수녀님을 차로 모셨을 때 그분이 말씀하셨다.

"탈핵 일만 하지 않으시죠? 현장에 나가면 본 얼굴들이 또 있어요."

다양한 사람들이 각자의 소신대로 삶을 살다가 어느 한 철 한 날에 교집합처럼 길 위에서 만났다. 그렇게 6월 22일부터 7월 15일까지 24일간 순례자들은 핵사고 위험의 경종을 울리기 위해 햇볕에 그을리며 물집이 잡히고 발톱이 빠지도록 걸었다. 이들은 후손에게 살기 좋은 지구를 물려주고픈 이들이기 때문에 누구보다도 강했다. 우리는 나이를 막론하고 서로의 이름을 불렀다. 자아가 강한 이들은 남을 배려하면서도 평등했다. 오랜 세월, 각종 규범과 규정이라는 테두리 안에서 종종 외로움을 느껴 왔던 나는 이들 모습에서 자신을 보았다. 헤어질 때쯤, 청명이 내게 벗이라 불렀다. 그리하여 우리는 벗이 되었다. 비록 따로 연락해 만날 일은 없을지라도 우리는 어느 현장에선가 또다시 만날 것이다. 비슷한 생각을 하는 사람들은 대체로 비슷한 곳에 또 가게 마련이니까.

전반기 순례가 끝나고 나흘 후, 대한문 앞 쌍용자동차 희생자 분향소에서 페르페투아 수녀님을 만났다. 약속하지 않고도 어딘가에서 반가운 얼굴을 만날 수 있다면 얼마나 행복한가.

2018년 8월 20일(월) <329구간> 용인성당~수원 권선동성당 18.9km

삼복더위 5주를 쉬고 후반기 탈핵희망국토도보순례를 시작했다. 걷다가 성원기 교수로부터 어이없는 이야기를 들었다. 내가 핵발전소를 재가동했다는 소리에 집에 설치된 에어컨도 틀지 않고 죽은 듯이 지냈다고 하자, 그것이 연중계획에 따라 예방정비 기간을 거쳐 정상적으로 재가동한 것이었는데 마치 불볕더위 때문에 쉬고 있던 핵발전소를 재가동한 것처럼 언론에서 보도했다는 것이었다. 언론을 장

악하고 있는 검은 권력에 대해 잠시 방심하고 있었다. 그 거대한 권력은 그렇게 교묘하게 시민들을 속이고 있었다.

2018년 8월 21일(화) <330구간> 권선동성당~경기도청~군포성당 18.9km

오후에 전주인보성체수도원에서 일곱 분의 수녀님들이 오서서 다음 날부터 토요일까지 함께 걸었다.

2018년 8월 22일(수) <331구간> 군포성당~안양시청~과천성당 16.8km

안양시청에서 고이나 씨 모자를 만났다. 한뜻을 가진 사람을 다른 장소에서 만나는 일은 무척 반갑고도 든든하다. 고이나 씨에게 왜 탈핵운동을 하느냐고 물었다.

"내 아이와 내 아이가 만날 친구들을 위해, 부모가 자녀에게 해 줄 수 있는 가장 중요한 것이 건강한 사회 만들기라고 생각해요."

내 아이는 누군가에게 남의 아이다. 그러므로 건강한 사회를 만들기 위해 건강한 먹을거리를 지키겠다는 엄마의 마음은 내 아이와 남의 아이를 가리지 않는다. 그들의 사랑이 핵발전소 위험으로부터 다음 세대를 지킬 것이다.

2018년 8월 23일(목) <332구간> 과천성당~사당역~대방동성당 16.1km

드디어 서울에 들어왔다. 그러자마자 유성기업에 압수

수색이 들어왔다는 연락을 받고 불안한 마음에 남부지법으로 가 창조컨설팅 선고를 지켜보았다. 그런데 다음 날, 수녀님 한 분이 전날 별일 없었냐고, 기도했다고 하셨다. 생면부지의 유성기업을 위해 전주에서 오신 수녀님이 기도해 주시다니, 길 위에서 만난 감동이었다.

2018년 8월 24일(금) <333구간> 대방동성당~성산대교~신사동성당 15.9km

밤새 걱정하던 태풍 솔릭이 비껴가 성산대교를 걸어서 건널 수 있었다. 평화의 공원 난지 연못가에서 비를 맞으며 20명 남짓의 순례자들이 깃발을 들고 춤을 추었다. 세상에서 동떨어진 다른 시공간 같았다. 신사동성당에서 탈핵희망국토도보순례 6000km(1만 5천 리) 기념 미사를 드렸다.

탈핵운동은 독립운동

2018년 8월 25일(토) <334구간> 신사동성당~불광역~
광화문 10.2km

마침내 6월 23일 영광한빛핵발전소에서 시작한 총 29일
549.5km의 여름 순례가 서울 광화문에서 끝났다. 고난의
발걸음인 도보순례의 마무리는 '핵발전소 폐쇄 및 신규 핵
발전소 건설 중단, 사용 후 핵폐기물의 재처리 중단과 안전
한 관리를 요구'하고 '한반도의 비핵화는 물론 지구상의 핵
무기와 핵발전소 폐기를 통한 지구의 완전한 비핵화'를 촉
구하는 기자회견이었다.

마지막으로 탈핵 미사를 드렸다. 원주에서 오신 이동훈
신부님이 말씀하셨다.

"가장 더운 여름에 가장 뜨거운 아스팔트 위를 걸은, 가
장 바보 같은 짓을 한 여러분에게 하느님의 축복이 있기를."

나는 궁금했다. '바보 같은 짓'을 우리는 왜 하는가. 순
례 중 성원기 교수에게 이렇게 물은 적이 있다.

"걷는다고 뭐가 달라지나요?"

"깃발을 본 사람과 보지 않은 사람들은 달라요. 사람들이
고생하는 이유를 관심 갖고 보게 되죠. 전단지도 읽죠. 그리
고 이게 지역 방송을 타고 알려지죠. 그리고 무엇보다 기도
하잖아요. 같이 걷는 사람들 생각이 바뀌고 각 지역 활동가
들을 만나고 나면 이들이 자기 지역에 가서 훨씬 헌신적으로
활동해요. 밑에서부터 흔들어 깨우죠. 깃발 들고 가는 건 '우
리를 살려 주세요'라는 외침이에요. 한 구간만 걸어도 자부심
을 가질 수 있고 한 발자국, 기도만 같이해도 순례자예요."

탈핵희망국토도보순례는 기도학교 역할을 하고, 총선이나 대선 국면에서는 유권자 운동으로 확산해 각 정당 사무실을 방문해 요청서를 전달하고 후속 조치를 전화로 알려달라고 하여 확인했다. 만나는 지역주민이나 활동가는 물론이고 성당 강론 시간엔 탈핵 강의로 지역 운동단체를 깨우고 연대했다. 그 결과 당시 매 주말 부산, 울산, 서울, 대전, 광주, 인천, 경주 등에서 탈핵 도보순례를 지역별로 진행하고 있었다.

성원기 교수는 걸으면서 변했다. 열한 번째 순례까지도 그는 305일 5,400km를 다 걸었기에 무조건 걸어야 하는 줄 알았다. 그러나 열두 번째 순례를 열흘 앞두고 오른쪽 새끼발가락 골절로 걸을 수 없게 되었다. 이 사건은 순례가 계속되는 게 중요하지 어느 누가 집중 조명받는 게 중요하지 않다는 걸 알게 해 주었다.

"순례는 내가 하는 게 아니에요. 하느님의 일을 실천하는 것이지. 생명을 살리는 게 하느님 일이에요. 인간이 핵무기, 핵발전소 만드니까 생명을 살리는 일에 우리가 사용되는 것이죠. 사람의 일과 하느님의 일은 구분되어 있어요. 사람은 씨를 뿌리지만 싹 틔우는 건 하느님이 하시죠. 우리는 씨 뿌리는 사람이에요. '저희는 주님의 종입니다, 저희는 해야 할 일을 했을 따름입니다.'라고 고백해야죠. 많은 경우에 넘어지고 다시 못 일어나는 이유는 자기를 내세우기 때문이에요. 우리는 알리고 외치고 기도하고 단지 걸을 뿐이에요."

두 달간 도보순례를 하며 지켜본 성원기 교수의 대표적인 모습은 평화와 수용성이었다. 그는 언성을 높인 적이 없고 남을 비방한 적도 없었다. 사실 순례자들은 모두 자기주장이 강한 사람들이다. 그렇지 않고서야 그 멀고 험한 길을 걸어낼 강단이 없다. 매일매일 만나는 새로운 사람들은 때론 묵묵히 때론 격렬하게 자기 생각을 표현한다. 성원기 교수는 그들 모두의 말을 끝까지 들어 주었다. 말하는 동안에 그들 스스로 치유가 된다고 믿고 있었다. 그리고 이 순례에 온 사람들은 '다른 길로 가지 않을 것'이라고 믿었다. 그것은 순례 참가자들이 기대하는 성원기 교수의 모습과도 일치했다.

그와 함께한 2018년 뜨거운 여름, 길 위에 나선 내 인생이 어느 한 방향을 향해 가기 시작했다.

영광에서 광화문까지

4장

후쿠시마와 나아리

후쿠시마 시온의 언덕에서

탈핵희망국토도보순례 닷새 후인 2018년 8월 31일, 황분희 부위원장과 함께 후쿠시마에 갔다.

2011년 3월 10일 목요일 후쿠시마 핵발전소 사고가 나기 전날, 나는 일본 선교사인 한국인 박종필 목사와 서울에서 만났었다. 사고 소식을 듣고 일본 내 한국인들이 너도나도 앞다투어 일본을 빠져나오려고 하던 그때, 그는 텅텅 빈 비행기를 타고 일본 도쿄로 들어갔었다. 거기엔 아내인 임미정 선교사와 초등학교(소학교) 6학년 딸 안나가 있었다.

다음 주 목요일, 그는 사고 현장에서 38km 지점인 이와키시로 달려갔다. 한국에서 구해 간 석유풍로와 들통으로 국을 끓이며 원조를 시작했고 '사랑과 희망의 자선음악회'를 열었다. 이후 10월부터 선교사 가족은 당시 사고대피지역 물자본부였던 스카가와시 '시온의 언덕'에서 8년간 매달 한결같이 피해 입은 일본인들과 함께해 왔다.

그 이야기를 황분희 부위원장에게 지나가는 말로 전하자, 현장에 가 보고 싶다고 하여 우리는 일본으로 갔다.

도쿄에서부터 차로 두어 시간을 달렸다. 스카가와시는 핵발전소에서부터 70여km 떨어진 곳이었고 '시온의 언덕'

은 지대도 높았지만 사고 당시 쓰나미가 그곳까지 휩쓸어 닥쳤다고 한다.

사고 이후 8년, 마을은 정비되어 여느 일본 마을처럼 깔끔했다. 여름의 비로 무성해진 잡풀이 언덕을 덮고 있었지만, 후나다 쇼지 목사가 제초작업을 하고 있었다. 8년째 그모습 그대로라고 했다. 시온의 언덕에서는 매월 마지막 금요일이 되면 후나다 쇼지 목사와 유코 사모와 딸을 중심으로 의사, 디자이너, 전도사 등등 후쿠시마 핵발전소 사고 피해자들을 돕기 위한 손들이 여기저기서 모여 음식을 나누고 예배를 드린다고 했다.

그중 오카베 유키오라는 소학교체육교육전문고문을 만났다. 그는 은퇴한 중학교 체육 교사였는데 핵발전소 사고이후 후쿠시마 초등학교에는 운동장에서 노는 아이들이 없어졌고 그 때문인지 후쿠시마에 다른 지역보다 비만 아동이 많다고 했다. 그래서 그는 체력이 약해진 후쿠시마 초등학교 어린이들에게 방과 후 교육처럼 운동 지도를 하고 있었다. 그에게 들은 바로는 후쿠시마 핵발전소 사고 당시 1,376명이 사망했고 작업자들은 피폭됐으며 그 사고 이후 정신적 고통으로 죽은 사람들이 많다고 했다.

오카베 상은 내게 후쿠시마 대학교 연구소에서 재배한 것이라며 배 몇 개를 주면서 말했다.

"방사능 없어요."

방사능이 없을 리 없었지만, 다음 날 도쿄에서 먹어 본 배는 아주 달고 맛있었다.

(황분희 부위원장은 사고 현장 더 가까이에 가 보지 못한 것을 아쉬워했지만, 선교 일정에 맞출 수밖에 없었던 우리의 후쿠시마 현장체험은 그렇게 끝났다.)

방사능 오염 지도를 보면 후쿠시마를 중심으로 이미 도쿄까지 시뻘겋다. 어떻게 방사능이 없을 수 있단 말인가. 그러나 현지에 사는 이들은 자신들의 죽음의 행로를 망각하지 않고는 살아갈 수가 없다. 그런 그들에게 '방사능 오염을 조심하세요'라고 해 봤자 그들에겐 선택의 여지가 없다. 이민 가지 않는 이상, 그 땅의 물을 마시고 농축수산물을 먹고 살아야 하니까. 쓰나미는 천재지변이었으므로 핵발전소 사고는 누구의 잘못이 아니었다며, 거주지를 잃은 피해자들 앞에서 인근 지역민들의 피해 정도는 티도 낼 수 없는 일본인들의 사고방식은 방사능이 없다고 믿고 싶은 생존 전략으로 선회하였다.

그러나 엄밀히 말하면 후쿠시마 핵발전소 사고는 천재지변에 의한 것만은 아니었다.

2011년 3월 11일에 발생한 도호쿠 대지진(규모 9.0)으로 인한 쓰나미 때문에 비상냉각설비의 기능이 상실되어 사고가 발생했다. 지진이 감지되자 원전 10기는 자동으로 정지했다. 원자로 정지 후 안정상태를 유지했지만, 정전이 지속되면서 비상노심냉각 기능이 상실되었다. 이때 원자로를 식힐 해수를 넣는 것을 망설이던 중, 원자로 3기의 누출된 수소가 공기와 반응하여 폭발하면서 방사능 물질이 누출되었다.[30]

30 출처: 한국원자력학회
http://www.kns.org:8116/index.php?document_srl=218&mid=kns_board_01

만약 원자로에 바닷물을 넣으면 다시는 사용할 수 없음에 망설이던 운영자가 돈보다 인명과 자연을 더 생각했더라면 후쿠시마 핵발전소 사고는 일어나지 않았을 수도 있었다.

후쿠시마현 스카가와시 시온의 언덕에서

국회와 청와대

2018년 9월 17일. 국회의원회관 제1세미나실에서는 '원전 인근 주민 이주의 필요성과 입법 과제 세미나'가 열렸다. 국회의원 홍의락·김성환과 월성원전인접지역이주대책위원회, 경주환경운동연합, 환경운동연합 주최였다.

김익중 동국대 교수는 '저선량 피폭 위험성과 삼중수소 건강 영향'이란 제목의 발표문을 통해 의학발달, 특히 역학조사 방법의 발달은 적은 양의 피폭에서도 질병이 발생할 수 있음을 보여 주고, 현재 기준치인 연간 1밀리시버트(mSv/y)는 안전기준치가 아닌 관리기준치이며, 그 이하에서도 암 발생이 증가한다는 증거가 나오기 시작하며, 앞으로 이 기준치는 더 낮아질 가능성이 있으며, 방사선과 피폭량과 위험성은 정비례 관계가 성립된다고 발표했다.

한병섭 원자력안전연구소 소장은 발제문 '원전 제한구역의 실효성'에서 2014년 5월에 개정한 '원자력시설 등의 방호 및 방사능 방재 대책법'의 내용인 핵발전소로부터 반경 3~5km, 20~30km 범위에서 설정하는 방사선비상계획 구역의 실효성에 대해 인명 중심의 기본 개념을 설정해야 한다고 했다. "현행 비상계획 구역 체계에 있어 가장 큰 문제점은 방사능의 위험으로부터 생명의 위협을 받을 수 있는 사고 발생원으로부터 근거리의 국민에 대한 생명보호에 대한 개념이 누락되어 있다는 것을 들 수 있다"라며, 방사능 재난 대응 주관의 책임과 의무를 부여하고, 예산 대책 확립, 사고 개념 재확립, 시급한 과학적 대응 체계를 구축해야 한다고 역설했다.

지정토론시간, 월성원자력발전소 원자로로부터 914m에 걸쳐 쳐 있는 울타리에서 300m 떨어진 곳에서 살고 있는 황분희 부위원장은 30년간 마신 식수와 어린 손주들 몸에서도 삼중수소가 검출되고 자신도 갑상선암에 걸렸다면서, 서울 노원구 아스팔트 방사능에는 그 난리를 치면서 왜 경주에는 핵폐기장을 짓느냐고 했다. 주거권과 생명권을 지키기 위해 일흔 넘은 몸으로 경주와 서울을 오가는 그이는 호소했다.

"왜 국가가 원하면 법을 맘대로 바꾸고 국민이 원하면 안

바꿔 줍니까?"

원전 인근 주민 이주의 필요성과 입법 과제 세미나

2018년 11월 19일부터 23일까지 닷새 동안 '청와대 앞 원전 인근 주민 1인 시위'가 있었다.

황분희 부위원장과 김진선 총무가 찬 바람을 맞으며 청와대 앞에 서 있었다.

2016년 9월 12일 경주 지진이 나자 맨 처음으로 나아리를 찾아 준 당시 문재인 민주당 전 대표가 대통령이 되자 나아리 주민들은 이주의 희망에 부풀었다. 하지만 18개월이 지나도 달라진 게 없자 청와대 앞까지 온 것이었다.

내가 할 수 있는 거라곤 점심시간에 가서 사진을 찍고 함께 식사하는 정도뿐이었다. 그래도 1인 시위 마지막 날인 금요일에는 두 분이 안재훈 환경운동연합 팀장과 함께 청와대로 들어가 면담을 하고 나오는 성과가 있었다. 그러나 이후 어떠한 해결책도 나온 게 없다.

청와대 앞 원전 인근 주민 1인 시위. 황분희 부위원장과 김진선 총무

임길진환경상과 핵발전소

2019년 4월 2일 제7회 임길진환경상 수상자로 월성원전 인접지역이주대책위원회가 선정됐다.

황분희 부위원장은 수상소감을 말하며 눈시울을 적셨다.

제7회 임길진환경상

2019년 7월 2일 화 청와대 앞에서 '월성 나아리 주민 이주대책 마련 촉구 기자회견'이 있었다.

오전이지만 한여름 햇빛이 강렬했던 탓일까? 황분희 부위원장이 기자회견 중에 현수막 뒤 분수대 턱에 주저앉았다. 처음 보는 약한 모습이었다. 일흔이 넘은 나이를 새삼 절감했다. 손주들을 방사능 위험 없는 안전한 집에서 살게 해 주고자 전국을 뛰어다니는 할머니의 애타는 심정이 육체적 한계에 부딪히는 것 같아 나 역시 조급해졌다.

우리도 방사능 피폭 없는 안전한 곳에서 살고 싶다

그날 오후 2시, 서울대학교 원자력공학과 주한규 교수와의 면담이 있었다.

황분희 부위원장이 서울역에서 핵폐기물 대안이 있으니 핵발전소를 찬성한다는 서명운동을 보고 주최 측인 주한규 교수에게 연락해서 만나게 된 자리였다. 전 세계 어느 나라에서도 아직 개발하지 못한 핵폐기물 처리 기술을 서울대나

주 교수가 발명했다면 그건 노벨평화상 감일 것이다.

예상대로 그는 사용 후 핵연료의 반감기가 길고(10만 년) 짧은(300년) 방사능 두 종류가 있는데 이 중 짧은 반감기 물질들이 더 위험하고, 이 위험 물질들인 사용 후 핵연료를 부식성 낮은 물질인 구리 5cm 두께, 1m 정도의 용기에 넣어 점토로 바깥을 싸서 땅속에 두면 된다고 했다. 그런데 고가인 구리를 그만큼 대량으로 구하기가 어렵다는 것이다. 그렇지만 구리 대신 중간저장을 하는 50년 동안 재처리 기술을 실현할 가능성이 크고, 그동안 영구 처분할 부지를 찾으면 된다고 했다. 그러더니 나중엔 남한에선 땅(부지)을 찾기 힘들 거라고 했다.

나아리 주민들은 현재 우리나라 핵폐기물의 50% 이상이 월성에 있는데 거기다 맥스터(건식대용량 임시저장시설)를 더 짓겠다고 한다니 그것들이 영구처분장 가기 전까지는 어떻게 되냐고 했다. 이들의 이주 요청을 한수원은 산자부에, 산자부는 국회에, 국회는 지자체에, 지자체는 월성본부에, 월성본부는 교수에게 떠넘기니 그럼 핵폐기물을 골고루 나눠 갖자고 했다.

마침내 황 부위원장이 제안했다.

"그럼 전기 많이 쓰는 도시나 서울대 옆에 고준위핵폐기물을 갖다 놓으면 전문가들이 철저하게 관리 잘하지 않겠습니까?"

그제까지 방사능 위험이 없다고 주장하던 주 교수가 대

답했다.

"원전이 위험성이 0이다 라곤 못 해요. 만약의 경우 사고가 날 가능성은 있어요. 그래서 인구가 적은 지역에……(짓는 거죠)."

나아리에서는 지난해에 중학생이 급성백혈병으로 사망했다. 아침에 어린아이가 코피만 나도 온 집안사람 심장이 내려앉는다고 했다. 신용화 사무국장은 알라라 원칙(As Low As Reasonably Achievable-합리적으로 달성 가능한 한 낮게)[31]을 들어 방사능 위험과 이주 필요를 말했다.

"방사능 위해는 없지만, 이주 자유 없고 재산권 행사 못 하는 건 문제라고 생각한다"는 주한규 교수는 객관 타당하게 주민들 체내 삼중수소 검사를 타지역과 비교해서 제대로 시행해 줄 것을 한수원에 요청해 보겠다고 했고, 주민들은 고마워했다.

서울대 원자력공학과 주한규 교수실

31 ICRP(국제방사선방호위원회)가 1977년 선고한 방사선방호의 기본 원칙으로, 합리적으로 달성 가능한 한 피폭선량을 낮게 유지해야 한다는 것을 의미한다. 출처 : 원자력안전위원회 공식 블로그

그러나 2019년 8월 14일, 핵발전소에서 방출되는 저선량 방사성 물질에 의한 주민피폭과 질병관계에 관한 균도네 2심이 원고의 청구 기각(패소)으로 선고되었고, 주한규 교수의 나아리 주민 및 타 지역주민 체내 삼중수소 비교 검사 제안 역시 물에 탄 잉크처럼 싱겁게 사라져 버리고 말았다.

5장

2019년, 한라에서 임진각까지

일찌감치 아침 7시 기차표를 예매했는데 그날이 고(故) 김용균 노동자 민주사회장례일임을 조문 가서야 알았다. 전날 내내 고민하다 결국 자정을 3분 남겨 두고 예매를 취소했다.

2019년 2월 9일 토요일 정오, 시퍼렇게 얼어붙은 광장은 뜨거운 눈물로 기화하고 있었다. 스물네 살 청년 비정규직 고(故) 김용균 노동자의 장례를 지켜보아야만 했다. 그래서 탈핵희망국토도보순례 2차 첫날, 전주에 갈 수 없었다. 고인이 광장을 떠날 때까지 배웅하고는 용산역으로 향했다. 초고속 시대와 어울리지 않게 느린 무궁화호에 몸을 싣자 세 시간 넘게 나만의 시간을 확보할 수 있었다. 하지만 한낮의 오열로 지친 몸은 낮잠조차 허용하지 않았다.

이번 탈핵희망국토도보순례는 '한라에서 백두까지'였다. '한반도 비핵화를 넘어서서 전 세계의 비핵화를 염원하며, 그리하여 한반도에 생명과 평화의 기운이 가득하기를 희망하며' 2019년 1월 11일 제주 성판악에서 시작한 순례는 제주를 걸어서 한 바퀴 돌고 22일 제주항까지 왔다. 그리고 1월 24일 영광한빛핵발전소 앞에서부터 걸어 2월 9일 삼례

까지 왔다. 도착한 삼례역에서 기다리고 있던 가느다란 초
승달이 말갛게 웃어 주었다. (삼례역 앞 삼례문화예술촌은
막막하던 3년 전, 해답을 구하고자 찾아간 곳이었다. 당시
방송작가에서 1인출판사를 하다가 르포 작가가 된 나는 길
을 찾은 느낌으로 걸었다.)

그날 숙소인 원불교 수계농원에는 수사님과 광양에서 온
토론학교장님이 있었다. 잠시 후 광주에서 온 시인 전도사
님까지 합류해, 운치 있는 다탁에서 질박한 다기에 막걸리
를 채우고 순한 두부를 안주 삼아 우리는 그간의 안부를 물
었다. 겨울밤이 온돌처럼 익어 갔다.

삼례성당 앞에서

2019년 2월 10일(일) <353구간> 삼례성당~여산성지
성당 20.1km

새벽 6시, 삼례성당에서 미사를 드렸다.

아침 7시, 매일식당에서 밥을 먹고 나서 우리는 호칭을
정했다. 수사님은 니키(니콜라스)로, 교수님은 톰(토마스
모어)으로, 토론학교장님은 (유스)티노로, 시인 전도사님은
관지(貫之)로. 우리는 성별, 나이, 직업을 떠나 평등하고자
했다.

오전 8시쯤 되자 전주와 완주, 대전과 여산, 익산 등지에
서 순례단원들이 속속 모여들었다. 대전 원도심레츠에서
온 왜가리, 나무늘보 등 세 분은 스낵과 약식을 만들어 한라
봉과 함께 간식으로 나눠 주었다. 18명의 순례자들이 길을
떠났다.

점심시간, 포항에 규모 4.1 지진이 났다는 소식을 들었
다. 이어 톰으로부터 신고리 4호기 운영을 총 9명이 정원인
원자력안전위원회에서 4명이 조건부 승인했다는 사실을 듣
게 됐다. 한마디로 졸속 처리라는 것이었다.

원자력안전위원회(이하 원안위)의 신고리 4호기 운영허
가 의결 보도자료를 옮겨 본다.

원자력안전위원회(이하 원안위)는 2019.2.1.(금) 제96회 원자력
안전위원회를 개최하고, 신고리 4호기에 대한 운영허가를 의결하였
습니다.

○ 원안위는 오늘 회의에서 신고리4호기가 「원자력안전법」 제

21조에 따른 허가기준에 만족함을 확인하였으나, 아래와 같이 조건을 명시하여 운영허가를 발급하기로 하였습니다.

① 가압기안전방출밸브 관련 설계변경 등 누설저감 조치를 2차 계획예방정비까지 완료

② 다중오동작* 분석결과가 반영된 화재위험도분석보고서를 2019.6월까지 제출하고, 이에 대한 원안위 검토결과에 따라 절차서 개정설비보강 등의 후속절차를 진행

* 안전정지기능에 영향을 줄 수 있는 화재로 두 개 이상 기기의 의도치 않은 동작

③ 최종안전성분석보고서 내용 중 적용된 기술기준이 BTP CMEB 9.5-1(1981년 화재방호 기준)로 인용된 부분에 대해서는 모두 RG 1.189rev.0(2001년 화재방호 기준)로 변경할 것

향후, 원안위는 신고리 4호기 운영에 대비하여 핵연료 장전 및 시운전 등의 사용전검사를 통한 안전성을 철저히 확인할 계획입니다. [32]

가압기안전방출밸브(POSRV)는 원자로 가압기 상부에 설치돼 냉각장치의 압력이 설계압력보다 높아지는 것을 막는 밸브다. 한국에서 신고리 3·4호기에 처음 도입된 이 밸브는 그동안 끊임없이 문제를 일으켰다. 2016년에는 신고리 3호기의 POSRV에서 미세한 누설이 생겨 원자로를 수동정지했고, 4호기에서도 동작시험 과정에서 POSRV 주밸브의 미세한 누설이 발견됐다. 신고리 3·4호기와 같은 기종인 아랍에미리트연합(UAE) 바라카 원전에서도 똑같은 문제가 생겨 현

32 출처: 원자력안전위원회 보도자료-원안위, 신고리 4호기 운영허가 의결, 2019.2.1

지 규제기관의 운영허가가 늦어지고 있는 것으로 알려졌다.

밸브에 문제가 생겨 냉각재가 많이 새면 냉각계통 압력이 낮아지고, 최악의 경우 냉각수가 끓어올라 핵연료 냉각에 문제가 생길 수도 있다. 이를 방지하기 위해 냉각재 누설량이 제한값인 1gpm(분당 갤런)을 넘어서면 발전소 가동이 멈추도록 설계돼 있다. 현재 누설량은 제한값 이내로 아주 미세해 안전에 큰 문제가 없다는 게 원안위 판단이다.

원안위는 신고리 4호기를 운영하는 한국수력원자력이 2차 계획예방정비 때까지 밸브 설계를 변경하는 조건으로 운영허가를 승인했는데, 지금까지 해결하지 못한 설계 문제를 손볼 수 있겠냐는 회의적인 시각도 있다. 탈핵부산시민연대 등 원전 주변 지역 시민단체들은 이날 기자회견을 열고 "원전 주변 지역주민 380만 명의 안전은 안중에도 없는 무책임하고 무성의한 결정"이라고 비판했다.[33]

그러나 이후 신고리 4호기는 우려하던 지점이 아닌 다른 곳에서 사고가 났다. 2021년 5월 29일(토) 09시 28분경, 신고리 4호기 정상 전출력(100%) 운전 중, 콜렉터하우징 내부 계자회로[34] 설비에서 화재가 발생하였고, 이에 따른 터빈 베어링(#9) 고진동으로 터빈/발전기가 자동정지 되었다. 이후, 원전운영자는 해당 설비 정비를 위해 원자로를 수동정지(5.31(월), 20:30)하였다.[35]

33 경향신문, 냉각재 누설 해결 못 한 채⋯신고리 4호기 '졸속' 승인 논란, 2019.2.7
34 계자회로 : 주발전기 회전자에 계자전류(자기장 형성을 위한 직류전류)를 공급하는 전기 회로, 원전 사고·고장 조사 보고서 2021-07호(210529SK4)
35 원전 사고·고장 조사 보고서 2021-07호(210529SK4)

신고리 5·6호기 원전건설허가처분 취소청구 소송 1심 선고

2019년 2월 14일 목요일 오후 2시, 서울행정법원 B208호는 방청객들로 미어터질 지경이었다. 그린피스 서울사무소와 시민 559명으로 구성된 '560 국민소송단'이 원자력안전위원회(이하 원안위)를 상대로 제기한 '신고리 5·6호기 원전건설허가처분 취소 청구 소송'(서울행정법원 2016구합75142) 1심 선고일이었기 때문이었다. 선고 장소가 B201호 대법정으로 바뀐 후, 행정14부 재판장 김정중 부장판사는 116쪽 판결문의 요지를 읽어 나갔다.

이 소송의 쟁점은 다음과 같았다.

1. 법률상 원안위원 결격자가 이 사건 허가를 위한 위원회 결의에 참석하여 의결권을 행사한 위법

2. 인구밀제한 위치기준 한도 초과 위법

3. 개정 원자력안전법령에 의한 중대사고관리규제를 적용하지 않은 위법

4. 방사선비상계획의 실행가능성 미검토 위법

5. 신고리 5·6호기 방사선환경영향평가서의 중대사고 미평가 위법

6. 방사선환경영향평가서 초안에 대한 주민의견수렴절차 관련 위법

7. 비학1 추정단층에 대한 보충시추조사 생략 위법

8. 신고리 5·6호기 원자로건물 지반 조사 시 품질보증고시 위반

9. 단층비지 절대연대를 부적합한 방법으로 측정한 위법

10. 부지반경 8km 이내 단층조사 관련 위법

11. 부지반경 8-40km 단층조사 관련 위법

12. 안전정지지진 결정 시 역사지진을 배제한 위법

13. 안전정지지진 결정 시 부지증폭효과 전면배제 위법

재판부는 원고가 제출한 위법성 쟁점 중 **원자력안전위원회 건설 허가 심사에 결격사유에 해당하는 위원 두 명**이 참석했다는 점[36]과 **방사선환경영향평가서에 운전 중 중대사고 평가에 대한 기재가 누락**됐다는 점, 두 가지에 대해 위법 판결을 내렸다. 그러나 "공사 취소에 따른 다양한 사회적 손실을 고려하면 앞서 인정한 위법 사유로 취소해야 할 이유가 매우 작다"며 사정판결(事情判決)로 원고의 청구를 기각했다.[37] 김영희 변호사는 사실상 승소라고 했지만 결국 신고리 5·6호기 건설은 집행되는 것이었다.

건설공사 취소 시 1조 원의 손실이 있다는데 만약 핵발전소 사고가 나면 얼마의 손실이 있을까?

우리나라에서 일본 후쿠시마 원전사고와 같은 사고가 일어날 경우, 최대 2,492조 원의 피해가 발생한다는 한국전력 연구용역보고서가 2018년 10월 2일 공개됐다.[38]

36 [원자력안전위원회의 설치 및 운영에 관한 법률]
제10조(결격사유) ① 다음 각 호의 어느 하나에 해당하는 사람은 위원이 될 수 없다.
4. 최근 3년 이내 원자력이용자, 원자력이용자단체의 장 또는 그 종업원으로서 근무하였거나 근무하고 있는 사람
5. 최근 3년 이내 원자력이용자 또는 원자력이용자단체로부터 연구개발과제를 수탁하는 등 원자력이용자 또는 원자력이용자단체가 수행하는 사업에 관여하였거나 관여하고 있는 사람
37 행정소송법 제28조(사정판결) ① 원고의 청구가 이유 있다고 인정하는 경우에도 처분 등을 취소하는 것이 현저히 공공복리에 적합하지 아니하다고 인정하는 때에는 법원은 원고의 청구를 기각할 수 있다. 이 경우 법원은 그 판결의 주문에서 그 처분등이 위법함을 명시하여야 한다.
38 국제신문, 2018.10.9 [김해창 교수의 에너지전환 이야기] <63> 한전이 추정한 고리원전단지 최악의 사고발생 시 손해비용 약 2500조 원…"발전원가에 반영 절실", 대구 MBC, 2018.10.3

신고리 5·6호기의 주변 인구밀도나 핵발전소 밀집도는 세계 최고 수준이다. 산업 중심지인 경남북 지역이 핵사고로 마비되면 우리나라에 막대한 재산피해는 물론 돈으로 따질 수 없는 인명피해가 생길 것이다.

경주 대지진이 발생한 날인 2016년 9월 12일에 시작된 이 소송은 1심 판결까지 886일이 걸렸고, 총 14회의 재판 동안 방대한 자료가 법원에 제출됐다.[39] '탈핵법률가모임 해바라기'의 김영희·김석연 변호사가 소송대리인으로 거대한 한수원을 상대했다.

신고리 5·6호기 건설허가처분 취소소송은 시민들이 핵발전소 건설허가의 부당함에 최초로 사법 문제를 제기한 소송이다. 그에 재판부가 핵발전소 건설허가의 위법성을 인정한 1심 선고는 역사적 의미가 있었다. 선고가 나자마자 순례단에 알렸다. 어서 합류하고 싶었다. 탈핵의 기치를 다시 높여야 할 때였다.

신고리 5·6호기 소송 판결 유감

39 그린피스, 시리즈 핵 없는 안전한 세상, 우리 안전과 맞바꾼 신고리 5·6호기 건설은 명백한 '위법'입니다, 2020.7.9

2019년 2월 17일(일) <360구간> 천안 신부동성당~평택 비전동성당 21km

아침잠이 오래된 목화솜보다 무겁게 몸을 내리눌렀다. 새벽 5시에 눈꺼풀을 들어 올리고 팔다리 스트레칭을 하고도 두 시간이나 방을 벗어나지 못했다. 지난주 하루 20km 도보 후 시퍼렇게 멍들어 부은 왼발로 21km를 걷는 건 아무래도 무리였다. 자동차로 가면 한 시간 조금 넘을 거리를 대중교통 수단으로 두 시간 넘게 갔다. 탈핵을 위해서는 빠르고 편리한 유혹을 이겨내야 했다.

동성중학교 앞에서 11명의 순례자들을 만났다. 점심식사 후 10km를 걸었다.

오후 다섯 시 반, 비전동성당에 도착했다. 17년 된 톰의 차가 수명을 다해 렌터카로 대치돼 우리보다 먼저 성당에 와 있었다. 저녁식사 후, 기차와 버스와 도보로 집까지 오면서 느리지만 쉬지 않고 움직인 하루를 되돌아보았다. 진숙의 말대로 우리의 깃발이나 전단지를 보고 단 한 사람이라도 탈핵 필요성을 느꼈다면 모두의 걸음이 의미 있었을 것이다.

2019년 2월 22일(금) <365구간> 서울 자양동성당~광화문~불광동성당 19.1km

2월 22일의 가장 큰 수확은 점심 식사시간에 만난 윤마리엘 수녀님으로부터였다. 이분은 휴지를 쓰지 않으신다고 했다. 화장실에서는 가제수건을 쓰신단다. 하긴 어린 시절신문지나 일력에서 두루마리 휴지로 옮겨 온 건 생활의 큰 이변이었다. 비데를 사용한다면 가제수건 쓰기를 못 할 것도 없었다. 순례에서 얻은 실천의 좋은 예였다.

광화문에 도착했다. 여러 쟁점이 광장에서 만났다. 그곳에서 우리는 기자회견을 열어 "신고리 4호기 운영허가 즉각 취소하라, 신고리 5·6호기, 신울진 1·2호기 건설공사 즉각 중단하라, 영덕, 삼척, 신울진 3·4호기 신규 핵발전소 건설 계획 즉각 백지화하라, 운영 중인 24기의 핵발전소 안전성을 확보하라, 2030년 탈핵 로드맵을 수립하여 시행하라"고 외쳤다.

보통은 도보순례의 종착점이던 광화문에서 다시 걸어 불광동까지 갔다. 건축가 김수근의 마지막 작품인 불광동성당은 '길'이 주제라고 했지만, 빛의 미감이 구석구석 드리워진 예술작품이었다. 오색빛과 십자가 아래에서 365구간 미사를 드렸다. 2013년부터 걸은 날수를 합치면 꼭 일 년이 되는 날이었다.

2019년 2월 24일(일) <367구간> 금촌2동성당~문산~임진각 19.1km

탈핵희망국토도보순례자 40여 명 가까이 긴 행렬이 임진각 평화누리공원에 도착했을 때는 오후 네 시 반쯤. 제주 한라산부터 임진각까지 650.3km, 33일 순례의 마지막이었다.

평화누리공원 언덕 아래에서 다섯 신부님의 집전으로

2019년 겨울 탈핵희망국토도보순례 마지막 미사를 드렸다.

봄이 움트던 그때, 나는 벌써 다음 여름을 기다렸다.

2013년 6월 6일, 성원기 교수인 톰의 첫걸음으로부터 지금까지 무수한 순례자들이 총 13차 367일간 6,660.5km를 걸었지만 아직도 밟지 않은 땅, 가지 않은 길에 탈핵 로드맵이 그려질 것이었다. 그리하여 이번엔 임진각까지였지만 통일이 되면 백두산까지 걸어가 볼 날이 오리라 기대했다. 핵발전소, 핵무기 없는 안전하고 평화로운 세상을 위하여!

임진각 평화누리공원에서

이후 2019년 3월 6일(수) 오전 11시 한국프레스센터 20층 국제회의장 '핵폐기물 답이 없다' 시민선언이 있었고, 2019년 3월 9일(토) 11시~17시 국회에서 광화문까지, 후쿠시마 핵발전소 사고 8주기 '311 나비퍼레이드'가 있었다.

한 달 후, 희소식이 들렸다.

2019년 4월 11일 일본 수산물(후쿠시마 포함 인근 8개 현 수산물) 수입규제 조치에 관한 세계무역기구(WTO)의 최종 판결에서 한국 정부가 1심을 뒤엎고 승소했다.

열정과 의지로 우리 밥상의 안전을 지켜낸 시민단체와 소비자단체의 많은 관심으로 정부가 움직였다. 국제적으로 획기적 결과를 이뤄낸 우리 국민과 정부가 자랑스러웠다. 그런데 이 괄목할 만한 성과를 놓고 가만히 생각해 보면 어떤 관계가 떠오른다.

세슘 수치와 국제식품규격기준에 따른 연간 방사능 노출 기준 운운하며 수입을 강요하는 일본과 방사능 기준치 미달이니 이주시켜 줄 수 없다는 한수원, 그리고 '방사능 수치만 놓고 판단하지 말고 생태와 환경을 포괄적으로 고려하라'는 WTO와 '국민의 생명과 건강을 보호하기 위해 방사능 노출량을 최소한으로 줄이려는' 대한민국과 이주를 원하는 월성원전인접지역이주대책위 주민들. 대치하는 주장이 비슷하지 않은가? 자국민의 생명과 건강을 보호하기 위해 일본의 압력을 이겨낸 우리 정부가 어찌하여 자국의 에너지 보급을 위해 가동하는 핵발전소 주변 국민의 생명과 건강은 모른 척하고 있는지.

6장

2019년, 삼척과 고리부터 월성까지

2019년 여름 탈핵희망국토도보순례는 시작부터 발걸음이 가벼웠다. 출발 2주 전에 날아온 삼척핵발전소 예정구역 고시 철회 소식 덕분이었다. 2010년 삼척시의 주민 동의 없는 원전유치신청부터 9년간, 1982년 첫 핵발전소 예정구역 지정부터로 치면 37년간 삼척시민과 전국의 탈핵희망을 염원하는 이들이 거둬낸 승리였다.

삼척 탈핵 역사

탈핵희망국토도보순례의 성원기 교수(톰)를 처음 만난 건 2018년 2월이었다. 그해 6월부터 여름과 겨울마다 그와 함께 걸었다. 톰을 통해 삼척의 반핵 역사를 알게 되었다. 삼척을 본보기 삼아 다른 도시에서도 탈핵 역사가 확장되기를 바라며, 톰의 기고문을 바탕으로 그 역사를 정리해 본다.

삼척은 세 번이나 핵발전소 건설을 막아낸 지역이다.

처음은 1982년 제5공화국 정부에 의하여 일방적으로 삼척 근덕면에 원전 예정지역이 고시되면서였다. 10년 후인 1992년 실제 핵발전소 건설의 움직임이 보이자, 근덕면원전백지화투쟁위원회가 결성되고, 1993년에는 8월 29일 전체 주민에 해당하는 7,000여 명이 근덕초등학교에 집결하여 원전백지화 항쟁에 돌입할 것을 결의하였다. 이후 삼척시민 전체가 합세하여 6년여간 이어진 대규모 집회, 원전장례운구, 삭발투쟁, 상경투쟁 등 피어린 항쟁이 있었다.

마침내 **1998년 12월 30일 삼척원전예정구역 고시가 해제되었다.**

전국 최초 핵발전소예정부지 백지화였다. 시민들은 이를 기념하여 이듬해인 1999년 8.29 기념 공원을 조성하고 세계 최초로 원전백지화 기념탑을 세웠다. 첫 번째 승리였다.

두 번째는 **2005년 원덕(이천) 핵방사성폐기물장 건설 시도를 반핵단체가 시의회를 압박하여 유치동의안 부결로 막아낸 것이다.**

그런데 이명박 정부인 2010년 12월 16일, 당시 김대수 삼척시장이 주민투표 없이 시의회 동의를 거쳐 한국수력원자력(주)에 신규 원자력발전소 유치 신청서를 제출했다.

2010년 12월 유치신청 이전에 결성된 삼척핵발전소반대투쟁위원회(상임대표 박홍표 신부)는 삼척시에 주민투표를 강력히 요구했다. 시의회는 삼척시장 명의의 주민투표실시 공문을 접수한 후 주민투표실시 조건으로 삼척원전유치 동의안을 처리하였다. 그러나 삼척시장의 주민투표 약속은 지켜지지 않았고, 2011년 2월 삼척시원자력산업유치협의회에 의하여 원전유치 찬성 서명부가 작성되었다. 주민투표가 아닌 찬성 서명부로 주민수용성을 대신하려 한 것이다. 대안도 합당치 않았지만, 더 이상한 건 서명부의 내용이었다.

삼척시 전체 유권자 58,339명 중 56,551명이 서명하였다는 96.9%의 찬성이었다. 1982년부터 2011년까지 29년간 핵과 싸워 온 반핵의 땅 삼척에서 96.9%가 찬성 서명을 하고 3.1%인 1,788명만 서명에 참여하지 않았다는 것은 사실일 수가 없었다. 그럼에도 이 찬성 서명부가 삼척시장과 삼척시원자력산업유치협의회 명의로 청와대, 산업부, 한수원, 국회 등에 제출되어 삼척핵발전소유치 수용성의 가장 큰 근거로 사용되었다. 삼척반핵단체는 찬성 서명부의 허위를 확인하기 위하여 즉각 찬성 서명부 열람을 요구하였으나 거부되었다.

2011년 3월 11일 후쿠시마 핵발전소 사고가 났다. 그 사고는 전 세계인들에게 핵발전소의 위험성을 일깨워 주었다.

같은 해 12월 23일, 한국수력원자력㈜은 신규원전 건설 후보지로 강원 삼척과 경북 영덕을 선정 발표했다.

2012년, 삼척에 본격적인 반핵운동이 시작됐다. 후쿠시마 핵발전소 사고 1주기인 3월 11일에 삼척핵발전소백지화투쟁위원회는 핵발전소 결사반대 범시민 궐기대회를 개최했다.

6월 20일, 삼척핵발전소반대투쟁위원회와 근덕면 원전반대투쟁위원회에서 김대수 삼척시장 주민소환운동을 공식 선언했다. 핵발전소 유치에 대한 찬반을 묻는 주민투표를 지속적으로 요구했지만 묵살 당한 데 대한 대응이었다.

7월 30일, 강원대 삼척캠퍼스 교수 전체 204명 중 107명이 '삼척핵발전소 반대' 성명을 냈다.

8월 1일, 삼척핵발전소반대투쟁위원회는 유권자 15% 이상의 주민소환 청구 서명을 받아 선관위에 김대수 삼척시장 주민소환투표청구 서명부를 제출했다. 선관위는 이를 심사하여 2012년 9월 13일 주민소환투표 청구를 받아들였다.

정부는 1998년 12월 30일 원전예정구역 지정고시를 철회하였던 삼척(대진)을 영덕과 함께 2012년 9월 14일 원전예정구역으로 다시 고시하였다.

10월 8일, 삼척시 선거관리위원회는 김대수 삼척시장 주민소환투표를 발의했고, 10월 9일, 김대수 삼척시장 주민소환투표 운동본부가 출범했다.[40]

10월 31일, 삼척시장 주민소환투표는 핵발전소 찬성 세력들의 공포 분위기 조성, 투표장 감시, 투표자의 체중 등 억압된 분위기와 방해 속에서 주민의 25.9%가 투표를 했다. 결국 33%가 되지 않아 투표율 저조로 주민소환에 실패했다.

이후 2년간 반핵단체는 매주 수요미사, 촛불집회, 평일 1인 시위, 주말 시내 도보순례, 전단지 배포, 대규모 집회, 3보 1배 등을 통하여 간절한 마음으로 시민을 깨웠다.

2013년 6월 6일, 성원기 교수가 탈핵희망국토도보순례를 시작했다. 이 순례는 삽시간에 전국으로 확장됐다.

2014년 6.4 삼척시장선거를 앞두고 삼척반핵단체는 3월부터 86일간 1600km 전국을 한 바퀴 순례한 탈핵희망국토

40 연합뉴스, 삼척시장 주민소환투표 일지, 2012.10.31 참조
https://www.yna.co.kr/view/AKR20121031211000062

도보순례 깃발을 들고 전단지 배포 등 반핵 활동을 했다. 그럼으로써 68% 투표율에 62.4%의 압도적인 지지로 반핵 시장을 당선시켰다. 당선된 김양호 시장은 선거공약에 따라 **삼척핵발전소 찬반 주민투표**를 실시했다.

2014년 8월 20일, 삼척시는 원전유치신청 철회 여부를 묻는 주민투표 동의안을 시의회에 제출하고, 2014년 8월 26일 시의회는 만장일치로 주민투표 상정안을 가결시켰다. 그러나 정부는 시의회 가결 당일 오후 원전유치는 국가사무이므로 주민투표의 대상이 아니라고 발표하였다. 또한 삼척시 선관위도 정부 입장에 따라 투표관리 업무를 거부하였다.

9월 12일에 삼척원전유치찬반투표 관리위원회가 구성되고, 9월 15일에 우리나라 역사상 최초로 핵발전소 유치 찬반을 묻는 주민투표의 일정이 사전투표일 10월 8일, 주민투표일 10월 9일로 공고되었다.

투표 전날인 10월 7일 강원대학교(춘천캠퍼스, 삼척캠퍼스) 교수 184명이 〈삼척핵발전소예정구역 철회를 요구한다〉는 성명서를 통하여 삼척 주민투표 지지를 선언하였다.

공교롭게도 주민투표 하루 전날인 10월 8일 사전투표일에 그동안 숨겨져 왔던 96.9% 찬성 서명부를 김제남 의원이 국회에서 찾아내어 국감자료로 공개하였다. 공개된 찬성 서명부는 한 페이지 15명의 서명이 동일인의 필체로 작성되는 등 명의도용 허위찬성 서명부로 밝혀졌다.

일정에 따라 주민투표가 10월 8일(사전투표)과 9일 양일간에 걸쳐 실시되었으며, 결과는 68%의 투표율 중 압도적인 85%의 핵발전소 유치 반대였다.

이로써 **삼척시민들은 주권자로서 핵발전소 유치를 철회하고 시민의 힘으로 백지화시킴으로써 삼척의 세 번째 반핵역사**를 썼다.

이상이 성원기 교수인 톰이 늘 설파하던 유권자 운동의 실제다. 시대의 흐름이었는지 촛불혁명과 탄핵 이후 2017년 대부분의 대선 후보가 탈핵을 공약했었다. 그리고 2017년 5월 9일 대선에서 탈핵을 공약한 문재인 후보가 대통령으로 당선되었다.

2019년 6월 5일, 마침내 삼척 대진 1, 2호기 핵발전소 부지 지정고시가 해제되었다.

균도네 소송

6월 21일 금요일 늦은 밤, 다음 날 순례 시작을 위해 숙소인 부산시 기장군 기장읍 균도 아빠의 '발달장애인과 세상걷기' 사무실로 갔다.

균도와 균도 아빠 이진섭 씨는 2017년 10월 11일 수요일 국회 정론관, '원전 주변지역, 갑상선암 피해자 대책 마련 촉구 기자회견'에서 만난 적이 있었다. 이전에도 잠시 소개한 적이 있지만 탈핵신문에 균도 아빠인 이진섭 씨가 직접 쓴 글을 통해 좀 더 자세히 설명해 본다.

균도 가족은 1990년부터 고리핵발전소와 가까운 부산시

기장군 장안읍과 일광면에 살았다.

(고리핵발전소는 1978년에 1호기, 1983년에 2호기, 1985년에 3호기, 1986년에 4호기가 상업운전되었다.[41])

그런데 2007년에 균도 외할머니가 위암 판정을 받고 위를 70% 이상 절제했고, 2011년 균도 아빠가 직장암 코드를 부여받고 내시경 절제 시술, 2012년 균도 엄마가 갑상샘암(임파선에 일부 전이)으로 요오드 방사선 시술을 했다.

부부가 암을 진단받은 곳은 부산시 기장군 장안읍 좌동리 동남권 원자력의학원이었다. 신고리핵발전소 3·4호기가 들어오는 조건으로 건설된 병원이었다. 개원 기념으로 기장군과 원자력의학원에서 각각 비용의 일부를 내어 핵발전소 인근 주민에게 무료 암 검진권을 주었다. 고리핵발전소 5km 인근 마을의 원주민은 기장군 장안읍과 일광면에 속한 총 15,000명 정도였다. 균도 아빠는 병원에서 무료검진을 받는 동안 지역 내 적지 않은 암 발생률을 들었다. 그리하여 주민의 건강권이 핵발전소와 얼마나 관계가 있는지 법적으로 이야기해 보자고 2012년 7월, 한수원을 상대로 건강권 손해배상 청구소송을 했다.[42]

이후 2014년 10월 17일 부산지법 동부지원이 "다른 암과 달리, 부인의 갑상선암 발병은 핵발전소에서 방사성 물질을 배출한 한수원의 책임이 인정된다. 손해배상 개념의 위로금 1천 5백만 원을 지불하라"고 판결하였다.[43] 이 1심 승소 판결은 전국핵발전소 주변 갑상선암 공동소송의 신호탄이 되었다.

---

41 한국수자원원자력 열린원전운영정보
42 탈핵신문, 2012.8.6
43 탈핵신문, 2015.3.6

균도와 균도 아빠는 소송 외 '발달장애인 균도와 세상 걷기'라는 주제로 기초법 부양의무제폐지, 발달장애인법 제정을 기치로 전국 도보 투쟁을 하고 있었다.

2019년 6월 22일(토) 〈368구간〉 고리핵발전소~울산 온양 남부통합보건지소 17.6km

오전 9시, 고리핵발전소 앞에서 2013년 6월 6일부터 7년째 이어 온 탈핵희망국토도보순례의 2019년 여름 순례를 기자회견으로 시작했다. 그곳은 2년 전인 2017년 6월 19일, 문재인 대통령이 고리 1호 영구정지 기념식에서 대한민국이 탈핵 국가로 출발함을 선언한 장소였다.

'탈핵'(犬)과 함께한 탈핵희망국토도보순례단 출정 기자회견

오전 10시, 고리 핵발전소에서부터 울산을 향해 걷기 시작했다. 40분쯤 지나 신고리 5·6호기 예정지역 앞에서 석 달째 1인 시위 중인 최현철 씨를 만났다. 그는 6호기 목공 담당 기

술자였는데 부실공사 내부고발을 한 후 지금까지 허허벌판에 있었다. 그는 예산이 삭감되고 인건비가 줄어듦에 따라 기능공들이 단가 문제로 신고리 5·6호기 건설현장에서 일하기를 기피하는 경향이 있다고 했다. 또 신고리 6호기 터빈 건물 구조물 기초공사 과정에서 철근 설치 이후 콘크리트 타설을 위한 거푸집 설치 과정에서 용접하면 녹이 슬어 안 되는데 주철에 용접이 진행된 사실이 있다고 밝혔다.

사고 나면 끝장나는 핵발전소에 부실공사라니 있어서는 안 되는 일이었다. 기자회견 때 탈핵울산시민공동행동 측에서 원전위험공익제보센터(052-296-5977)를 공지한 이유가 있었다.

부실공사 중단요구 1인 시위

순례단은 8km 정도 걷다가 용석록 울산탈핵공동행동 공동집행위원장 차를 타고 경주로 이동해 오후 2시 '핵폐기물 이제 그만, 10만인 행동' 집회에 잠시 참석했다. 그리고 다시 떠난 지점으로 돌아와 저녁 7시까지 나머지 10km를 걸었다.

2019년 6월 23일(일) 〈369구간〉 남부통합보건지소~울산시청~중구보건소 17.3km

신정시장에서 순례단에게 수고한다고 콩 국물을 나눠 주는 상인들의 모습은 호의를 넘어 감동을 주었다. 울산 시민들은 핵발전소 사고 위험을 피부로 느끼고 있었고 그만큼 깨어 있는 의식을 보여 주었다.

2019년 6월 24일(월) 〈370구간〉 중구보건소~경주 외동읍 행정복지센터 18.4km

아침 8시 반, 중구보건소에서 한상진 울산대학교 교수(울산환경운동연합 공동대표)와 서민태 탈핵울산공동행동 상임공동대표, 석록, 톰, 니키, 청명과 함께 걷기 시작했다.

잠시 후 도착한 북구청에는 윤종오 전(前) 북구청장이 중소상인을 지키기 위한 소신행정을 하다가 코스트코 구상금으로 인해 자택이 경매로 넘어가게 되자 면제 촉구 농성을 22일째 하고 있었다.(다음 날 오후, 울산북구청이 구상금으로 인한 아파트 경매를 전격 취하했다는 소식을 들었다. 탈핵희망국토도보순례길에 희망이 꽃핀 듯해 더욱 기뻤다.)

전날 함께 걸었던 임영상 탈핵울산공동행동 상임공동대표가 있는 약국에 들러 상비약을 받았다. 인적이 드물고 깔끔한 동천 제방길에서 탈핵과 재생에너지와 소수인권과 자연보호에 대해 생각해 보았다. 경주에서 박규택, 장춘, 최수미 탈핵울산공동행동 전(前) 대표가 합세해 외동읍 행정복지센터에서 순례 나눔을 했다.

2019년 6월 25일(화) <371구간> 외동읍 행정복지센터~월성핵발전소 21.9km

371구간은 장거리에 산을 넘는 험난한 경로였다. 안강에서 온 모니카, 루시아, 아녜스, 경주환경운동연합 이상홍 사무국장과 주미 사무차장과 톰, 청명과 함께 산을 넘어 월성핵발전소까지 다다랐다.

발맞추어 나가자 앞으로 가자, 우리들은 씩씩한 탈핵 순례단

홍보관 옆 농성장에 황분희 월성이주대책위원회 부위원장이 자리해 있었다. 촛불집회에서 보고 무작정 취재하러 내려온 그 여름 이후 나는 국회, 광화문, 청와대 앞, 후쿠시마 등 여건이 닿는 대로 황분희 부위원장과 함께했다. 그러나 투쟁한 지 1,762일이 되어도 나아리 주민들은 핵발전소 코앞에서 벗어나지 못하고 있었다.

그날 순례단은 고준위핵폐기물이 잔뜩 쌓여 있는 중수로형 핵발전소인 월성핵발전소 1km여 앞 황 부위원장 자택에서 묵었다. 고압선 철탑 아래를 걸으면서 두통이 시작되었는데, 나아리에서 재배한 채소로 만들어진 저녁식사 중 입술이 퉁퉁 부어올랐다. 호들갑 떤다고 하겠지만 그건 내 몸이 치는 아우성이었기에 이성으로 통제할 수 없는 영역이었다.

예전에 광부들은 갱도에 들어갈 때 카나리아를 데려갔다고 한다. 메탄, 일산화탄소 위험도를 측정할 수 있기 때문이었다. 서울에서 나고 자라 친환경 유기농 위주 식단을 20여 년째 유지하고 있는 내 몸이 핵발전소 앞에서 키운 채소를 먹고 그렇게 반응했다. 환경요인이든 심리요인이든 말이 필요 없었다. 그런 곳에서 주민들은 30년째 살고 있었다.

경주 월성핵발전소 앞 이주대책위원회 천막농성장에서

2019년 7월 12일(금) 〈388구간〉 강서동성당~사천동성당 14.5km - 상반기 순례 끝

6월 26일, 경주 외동읍에서 372구간을 출발한 탈핵희망 국토도보순례는 대구, 대전을 거쳐 7월 12일 청주 강서동 성당에서부터 사천동성당까지 388구간으로 상반기 순례를 마무리했다.

충북인뉴스를 거쳐, 충북청주경실련에서 한살림, 환경운동연합, 온갖문제연구소, YWCA 등이 모여 간담회를 했다.

이날 걸으면서 리산으로부터 100일간 집중 실행한 '개인 소유물 100개 이하로 줄이기'에 대해 들었다. 생필품을 최소화해서 생활을 단순하게 만들고 물자에 대한 소중함을 절실하게 느끼는 소박한 삶의 양식이었다.

균도네 소송 2심 선고

2019년 8월 14일, 균도네 3명이 2012년 7월 고리핵발전소에서 방출되는 방사선에 장기간 노출돼 부인 박 씨가 갑상선암에 걸리는 등 가족이 모두 건강에 영향을 받았다며 한국수력원자력을 상대로 부산지방법원동부지원에 제기한 손해배상청구소송이 2심에서 기각됐다. 핵발전소에서 방출되는 저선량 방사성 물질에 의한 주민피폭과 질병인과관계를 증명할 수 없다는 이유였다.[44]

2014년 10월 17일, 1심에서 "가해기업이 어떠한 유해한 원인물질을 배출하고 그것이 피해자에게 도달하여 손해가 발행하였다면 가해자 측에서 그것이 무해하다는 것을 증명하지 못하는 한 책임을 면할 수 없다고 보는 것이 사회형평의 관념에 적합하다"고 하여 손해배상 개념의 위로금 1,500만 원을 지불하라는 판결에 한수원이 항소했고 2심에서 뒤바뀐 것이었다.

균도네 1심 일부 승소 후, 핵발전소 반경 10km 이내 5년

44 탈핵신문, 한수원 주장 받아들인 '균도네 소송' 2심 선고, 2019년 9월

이상 거주 또는 근무한 갑상선암 발병자 618명이 한수원을 상대로 손해배상청구소송 중이었다. 2015년 2월 25일에 소장을 제출한 공동소송은 균도네 2심 판결을 기다리고 있었다.

균도네 소송과 갑상선암 공동소송은 불가분의 관계이므로 이후 판결을 정리한다.

2020년 1월 20일 대법원이 상고를 기각하면서 균도네 소송은 최종 패소했다.[45]

2022년 부산지방법원 동부지원(오행남 판사)이 2월 16일 '갑상선암 공동소송'에서 원고들의 청구를 기각했다. 이날 재판부는 7년에 걸쳐 공방이 있었으나 법정에서 '기각'이유를 설명하지 않고 1분 만에 원고의 청구를 '기각한다'고 선고했다[46]고 한다.

핵발전소 인근 주민 다수가 암에 걸렸다. 그런데 재판부는 장기간의 저선량 피폭은 피고(한수원)의 손해배상책임의 판단 기준으로 채택하기 어렵다고 했다. 그리고 핵발전소 주변지역 여성의 경우 갑상선암 발병 비율이 2.5배가 높다는 역학조사 결과와 관련해서도 근거가 불충분하다고 명시했다. 또한 원자력손해배상법상 사건이 되기 위해서는 원자력안전위원회고시 제2020-3호에 근거해 사고 등급 4 이상의 사고가 발생해야 하는데, 우리나라에서는 4등급 이상의 사고가 발생하지 않았다며 원고들의 주장을 기각했다. 민법 제750조 불법행위에 기한 손해배상책임에 대해서도 피고의 불법행위를 인정할 수 없다며 원고들의 주장을

45   탈핵신문, 갑상선암 공동소송 7년의 여정과 최종변론, 2022년 1월
46   탈핵신문, 법원, 갑상선암 공동소송 1분 만에 '기각' 판결, 2022년 2월

기각했다. 마지막으로 핵발전소 인근 주민들의 손해 및 인과관계에 대한 추정을 허용하는 입법이 이뤄지지 않는 한 사법부로서는 현행 법률과 판례에 기초한 증명책임의 법리에 따라 결론을 내릴 수밖에 없다[47]고 했다고 한다.

핵발전소는 수도 서울에서 아주 먼 바닷가에 짓는다. 만에 하나 사고라도 나면 큰일이라 수도 서울을 지켜야 하기 때문이다. 냉각수가 필요하니 바닷가라야 한다. 고리핵발전소 30km 반경 안에 부산과 울산이 있다. 부산은 인구 3,410,925명(2020)[48]으로 우리나라에서 서울 다음으로 큰 도시이다. 그런데 세계 최대 원전 밀집 지역이다. 한 부지 안에 6기가 모여 있기 때문이다.

그래서인지 갑상선암 공동소송 참가자는 고리(249명)-울진(130명)-월성(90명)-고창(69명)-영광(54명) 순이다. 추가로 26명이 있다.

한국원자력학회의 「원전주변주민과 갑상선암에 관한 과학적 분석」에도 핵발전소 주민의 여성 갑상선암 발병이 다른 지역보다 2.5배 높은 것으로 확인됐다.[49] 그런데도 법원은 그들이 병에 걸린 이유가 인근 핵발전소와는 상관이 없다고 한다. 눈에 보이지도 않고 냄새도 없는 방사능의 폐해를 입증할 능력이 주민에게는 없다.

암에 걸린 몸 자체가 확증인데도 증거가 없다는 법원의 판결을 보며 궁금해진다. 핵발전소 주변에서 방사능이 아닌 어떤 이유로 그렇게 많은 사람이 암에 걸리는지. 그 상관관계를 입증하라는 연구 프로젝트를 한수원이나 원안위

47 탈핵신문, 갑상선암 공동소송 1심 판결문 주요 내용, 2022년 3월
48 다음백과
49 원전주변주민과 갑상선암에 관한 과학적 분석, 한국원자력학회, 2015.5.6

에 준다면 어떤 수행을 해낼지. 아니 그보다 핵발전소 근무자들의 암 발병률을 조사하는 게 더 빠르지 않을까. 인근 주민들이야 별 이득 없이 해만 입어 억울하지만, 아무리 월급을 받아도 핵발전소 직원과 용역들의 건강 역시 염려된다. 국제 방사선방호위원회 선량한도 권고치는 일반인이 1밀리시버트(mSv)라면 방사선 작업 종사자는 20mSv로 20배 높은 유효선량이다. 피폭을 당연시하면서도 100mSv 이하에서는 현재까지의 역학연구에서 직접적인 암 발생을 증명하지 못한다고 한다.[50] 슬픈 현실은 핵발전소에서 일하는 사람 중 비정규직은 인근 주민일 수밖에 없다는 것이다. 방사능에 피폭되는 줄 뻔히 알면서도 돈을 벌기 위해 핵발전소에서 일해야 하는 현실, 그러면서도 이주시켜 달라고 주장할 수밖에 없는 입장. 그 복잡한 심경을 외부에 사는 어느 누가 감히 판단할 수 있으랴.

마지막 탈핵희망국토도보순례

2019년 8월 24일(토) <396구간> 흑석동성당~광화문 8.5km

2019년 8월 17일 다시 청주에서부터 8월 24일 서울 광화문까지 하반기 순례가 시작되었다.

일주일간 유성기업 상경투쟁과 함께했던 나는 마지막 396구간에 겨우 참가할 수 있었다.

흑석동성당에서 출발해 한강대교를 건너온 순례단을 용산 남일당 참사가 일어난 곳에서 만났다. 서울역 맞은편 서

---

50 원전주변주민과 갑상선암에 관한 과학적 분석, 한국원자력학회, 2015.5.6

울스퀘어빌딩 앞에는 설악산 케이블카 반대 시위를 하는 이들이 있었다. 생명을 지키는 곳에 탈핵희망국토도보순례단은 함께하고 있었다.

설악산을 그대로!

광화문에 도착했다. 미사를 드리려는데 보수단체의 소음이 상상을 초월하는 데시벨이었다. 아비규환 속에서 정오 미사와 '10년 탈핵 로드맵으로 핵사고 위험 없는 안전한 나라를 만들자. 건물 지붕 1/3 태양광 설치로 핵발전소 24기 대체할 수 있다.'는 요지의 기자회견으로 2019년 여름 총 29일간의 탈핵희망국토도보순례를 마쳤다. 이날은 여름 순례의 마지막 날이기도 했지만 탈핵희망국토도보순례의 마지막이었다.

2013년 6월, 성원기 교수인 톰의 첫걸음으로 시작한 순례는 만 6년이 넘어 7년째 396일간 7,200km를 걸었다. 새옹지마라고 했던가. 우리 모두 기뻐했던 삼척핵발전소반대투쟁위원회의 승리는 탈핵희망국토도보순례의 중단으로 이어졌다.

서로 다른 이념이 반목과 증오를 낳아 그날 광화문은 잠시도 머물 수 없는 공간이었다. 톰과 인사를 하고 돌아서 결연히 광화문 한복판을 가로질러 나아갔다. 배낭엔 'No Nukes 핵발전소 없이 안전하게 살자! 탈핵희망국토도보순례' 몸자보를 단 채, 손엔 같은 내용의 깃발을 말아 쥔 채. 마침 보수진영 인파가 청와대를 향해 행진하려는 참이었다. 청와대 앞은 삼엄했다. 근처 사진갤러리에 들어가 막 적진을 헤치고 나온 듯 숨을 고르고 나왔다.

이제 여름과 겨울이 손짓할 때면 이번 순례길은 어디일까 하며 톰에게서 올 소식을 더는 기대할 수 없게 되었다. 그토록 아름다운 순례자들과 다음 순례 때 만나자는 약속도 할 수 없다. 세상에 영원한 것은 없다고 터덜터덜 걸으며 다짐했다.

톰이 곁에 없어도 순례할 것이다. 순례단이 없어도 걸을 것이다. 비록 성스러운 숙소를 제공해 주던 성당을 비롯한 종교기관, 반기며 밥을 사 주던 지역 활동가들은 없겠지만 목소리 큰 사람이 이기는 세상에서 침묵으로 걸으리라. 몸자보 달고 지하철 타면 시비 걸어오는 노인이 있는 서울, 부실공사를 알리느라 단식하는 제보자가 있는 신고리 5·6호기 건설현장, 공극이 계속 발견돼도 멈출 생각을 안 하는 영광한빛핵발전소, 고준위핵폐기물이 넘쳐나는 경주 월성 중수로 핵발전소, 그리고 울진한울핵발전소……. 나는 이미 순례자가 되었고 내 걸음도 톱처럼 멈추지 않을 것이다.

2019년 여름 탈핵희망국토도보순례 광화문 기자회견

7장

2019년, 나아리 천막농성 5년

경주 추억

경주에 처음 가 본 건 2009년 봄이었다. 어린이날 연휴에 기차를 타고 경주역에 내려 바로 앞에서 자전거를 빌려타고 경주를 둘러보았었다. 오월의 따스한 햇살이 드리워진 연녹색 왕릉들과 아이들 웃음을 퐁당퐁당 던져 넣던 안압지의 각진 호수와 해거름이 내리던 황룡사지의 스산한 세월의 흔적과 곳곳의 맛집과 보문단지의 쾌적한 리조트는 윤택하고 행복했던 기억으로 남아 있다.

10년 후 가을, 다시 기차를 타고 경주를 찾았을 때 역은 '신'이라는 글자를 하나 더 달고 시내에서 멀찍이 떨어져 있었고 마침 비가 추적추적 내리고 있었다. 목적지는 나아리였다. 처음 나아리를 찾았던 2017년 여름과 가을 두 번 다 울산을 통해 갔었다. 2019년 여름 세 번째도 부산 고리에서 울산을 지나 걸어서 갔다.

나아리가 경주에 속한 마을이란 게 퍼뜩 다가오지 않는 이유는 경주 시내와 먼 거리에 반비례해 울산에서 접근하기가 더 쉬운 점도 있겠지만, 같은 경주시라고 여길 수 없을 정도로 사뭇 다른 분위기 때문이었다. 경주 시내는 핵발전소의 위험성이라곤 느낄 수 없이 평화로웠지만, 경주시청에서 30여km 떨어진 월성핵발전소 근처에는 집을 떠나게 해 달라는 주민들이 살고 있었다.

천막농성 5년, 나아리 방문의 날

그날은 '천막농성 5년, 나아리 방문의 날'인 9월 21일이었다. 월성원전인접지역이주대책위 천막농성 시작일은 8월 25일이었지만 사정상 9월로 옮긴 것이었다.

2019년 9월 21일 오후 3시, 황성공원 실내체육관 앞에서 미니버스에 올라 한 시간을 달렸다. 청명과 온도도 함께였다. 오후 4시, 푸른 농성천막 앞에는 또 다른 흰 천막이 쳐 있었고 그 안에는 이미 나아리 주민의 친구들이 와 있었다. 가마솥에는 시래깃국이 푹푹 끓고 있었고 울산탈핵공동행동 공동집행위원장 석록이 떡을 나눠 주고 있었다. 흡사 생일잔치 같은 훈훈한 분위기였다.

2017년 1월 21일 13차 범국민행동촛불집회에서 처음 본 황분희 부위원장은 여전히 활발한 모습으로 방문객들을 맞는 주인 역할을 하고 있었다. 무작정 그이를 찾아 나아리에 내려갔던 그해 8월과 10월 이후 우리는 자주 만났다. 그이는 모르겠지만 탈핵도보순례를 하기 전부터 나를 탈핵의 길에 들어서게 한 결정적 동기가 있다면 월성원전인접지역이주대책위, 그중에서도 황분희 부위원장이었다.

지난 6월 25일, 탈핵희망국토도보순례로 다시 찾은 나아리에서 순례단은 황분희 부위원장 집에서 하루를 묵었다. 그날 저녁 텃밭 농작물로 차린 집밥을 먹다가 발병한 자극

성접촉피부염으로 나는 석 달이 지나도 음식을 가려야 하고 립스틱을 바르지 못하고 있었다. 그런 곳에서 수십 년째 사는 사람들은 제발 이사 가게 해 달라고 온 사방에 사정하고 있었다.

천막농성 5년, 2019년 9월 21일 토요일에 다시 찾은 나아리는 외롭지 않았다. 빗속에 삼중수소와 스트론튬이 용해된 건 아닐까 하는 불안도 전국에서 모여든 친구들의 온기에 잠시 잊었다.

자료화면과 함께 이주대책위 경과보고가 있었다.

1. 주민들이 2014년 8월 25일 월성원전 앞에서 천막농성을 시작하면서 이주대책위원회를 구성했습니다. 처음 72가구가 시작했으나 4년이 지난 현재 30여 가구가 함께하고 있습니다. 연로한 주민들에게 4년은 쉽지 않은 시간이었습니다.

2-3. 9월 12일 산업부 문재도 2차관이 우리 마을을 방문했습니다. 월성 1호기 수명연장 동의를 구하기 위해서 왔는데, 이주대책위 주민들은 식당 앞에서 농성을 하며 면담을 요청했고, 길거리 면담이 성사됐습니다. 주민들의 요구를 담은 서한을 차관에게 전달했습니다.

4. 2015년 2월, 원자력안전위원회의 월성 1호기 심사를 앞두고 우리 주민들은 4차례나 상경투쟁을 했습니다. 10시에 개최하는 원자력안전위원회 회의 시간을 맞추기 위해 엄동설한에 새벽 3시 양남면에서 출발해야 했습니다.

5-6. 2015년 4월 6일~10일, 국회 산업위, 미방위 의원실을 방

문하면서 이주대책을 요구했습니다. 당시 의원실 29곳을 방문했습니다.

7. 2015년 4월 25일, 후쿠시마 4주기를 맞아 월성 1호기 폐쇄 범시민행진을 경주에서 개최했습니다. 600명의 시민이 함께 행진을 했습니다. 이주대책위원회는 이주를 넘어 탈핵운동의 중심이 되고 있었습니다.

8. 2015년 8월 22일, 유럽방사선방호위원회 ECRR의 대표이신 크리스토퍼 버스비 박사가 우리 천막을 방문하고 삼중수소의 위험성에 대해 강연했습니다. 버스비 박사는 한수원이 제시한 피폭량에서 최소 1000배를 곱해야 실제 피폭량과 비슷하다고 알려주었습니다. 버스비 박사는 갑상선암 공동소송의 증인으로 참석하기 위해 멀리 영국에서 왔습니다.

9. 2015년 9월 7일, 우리 주민들은 버스를 타고 상경해서 광화문에서 '월성 1호기 폐쇄 만인소'를 펼친 후 청와대 민원실을 방문해 만인소 복사본을 전달했습니다. 만인소는 경주시민 10,192명이 한지에 붓으로 이름을 적고 지장을 찍은 서명입니다.

10. 2015년 9월, 한 달간 정수성 국회의원 경주 사무실 앞에서 농성을 했습니다. 우리 주민의 천막농성을 폄훼하는 발언을 신성한 국회에서 했기 때문입니다.

11-12. 2015년 10월 16일. 바스쿳 툰작 유엔인권 특별보고관이 우리 천막농성장을 방문했습니다. 우리 농성장은 방문 일정에 없었으나 일부러 짬을 내어 방문했다고 했습니다. 원전문제에 해박하였고 주민들의 아픔에 깊이 공감해 주었습니다.

1년 후 33차 유엔 인권이사회에서 다음과 같이 지적해 주었습니다.

"주민들의 주거권, 특히 거주가능성과 거주지 위치와 관련한 권리가 보호되고 있지 않다는 것에 우려를 표한다."

13. 2015년 10월~11월. 영덕 주민들이 신규원전 찬반 주민투표를 했고, 우리 주민들도 영덕을 여러 차례 오가며 연대했습니다. 91.7%의 주민들이 원전 반대에 투표했고, 현재 영덕 원전은 백지화됐습니다.

14. 2016년 1월 21일, 삼중수소 대책마련 기자회견을 서울에서 개최했습니다. 나아리 주민 모두 소변에서 삼중수소가 검출됐고 5세 아동의 몸에서도 많은 삼중수소가 나왔습니다.

15. 2016년 3월 12일, 후쿠시마 5주기 대구경북 행사를 우리 천막농성장에서 했습니다.

16. 2016년 9월 3일, 천막농성 2주년 나아리 방문의 날 행사를 했습니다. 당시 연대자들이 1000만 원이 넘는 후원금을 모아 주었습니다.

17. 2016년 9월 8일, 김종훈, 윤종오 의원의 도움으로 국회토론회를 개최했습니다. 당시 토론회가 입법 발의로 이어졌습니다.

18. 2016년 9월 13일, 문재인 대통령이 우리 천막을 방문하였습니다. 9월 12일 경주에서 지진이 발생하고 제일 먼저 찾아온 분입니다. 새 정부가 들어서면 이주 문제도 잘 풀릴 것이라고 말씀해 주었습니다. 우리 주민들은 그 약속을 잊지 않고 있습니다.

19. 2016년 11월 23일, 김수민 의원과 함께 발전소 주변지역 지원에 관한 법률 일부개정안 발의 기자회견을 개최했습니다.

20. 2017년 1월 21일, 광화문에서 13차 촛불이 타오를 때 황분희 어머님이 초청을 받아 100만 촛불 앞에 서서 우리 주민들의 투쟁을 세상에 알렸습니다.

21. 2017년 3월 11일, 후쿠시마 6주기 서울행사에 이주대책위 주민들이 버스 1대를 타고 함께했습니다.

22. 2017년 6월 19일, 고리 1호기 영구정지 정부행사에 황분

희 어머님이 초대를 받아서 함께했습니다.

23. 2017년 8월 24일, 천막농성 3주년 기자회견을 경주시청에서 개최했습니다.

24. 2017년 9월 7일, 천막농성 3주년을 경과하면서 탈핵 순례를 시작하기로 했습니다. 경주 시민들을 더 만나자고 생각했습니다. 매주 목요일 탈핵 순례를 하는데, 2018년 9월 3일 현재 50차 순례를 진행했습니다.

25. 2017년 9월 12일, 백운규 산업부장관이 천막농성장을 방문했습니다. 우리 주민들은 의견을 담은 서한을 전달했습니다.

26. 2018년 3월 11일, 후쿠시마 7주기 경주 행진을 개최했습니다. 100여 명의 경주시민이 행진에 함께했습니다.

27-28. 2018년 8월 13일~14일, 국회 산업위 의원실을 방문했습니다. 홍일표 산업위 위원장, 홍의락 여당 간사, 장석춘 자유한국당 간사, 이언주 바른미래당 간사 의원실을 비롯해 16개 의원실을 방문했습니다.

29. 천막농성 4주년 행사를 지난 8월 27일 진행했습니다.

이주투쟁 5년을 축하하고 응원하는 발언과 공연으로 채워진 두 시간 후 서울로 향했다. 고속버스에 올라 뿌연 창밖의 비를 보며 경주에서 멀어질수록 안도감이 드는 건 집으로 가까이 가기 때문이었을까, 방사능 위험으로부터 멀어지기 때문이었을까?

나아리에는 사람들이 살고 있다. 그들은 핵발전소를 떠나고 싶어도 떠날 수가 없다. 그 나아리 주민을 이주시키는 일은 남의 일이 아니다. 지금 내가 전등을 켜고 냉장고와 세탁기를 쓰고 휴대전화기를 충전하면서 왜 그들의 희생을 강요하는가?

이주만이 살길이다

8장

1일 1비움

왜 하필 그날 시작했는지는 알 수 없다.

다만 그즈음 탈핵희망국토도보순례에서 만난 대전의 진숙이 황망히 세상을 떠났다. 이상하게도 두 주간 진숙을 포함한 세 사람의 장례식에 갔다. 10월은 죽음을 생각할 수밖에 없는 시간이었다. 생태계의 죽음을 막아 보겠다고 스웨덴의 십대 툰베리는 세상의 어른들에게 눈물 섞인 비난을 퍼붓고, 한국의 극소수 중년들은 소비를 줄이고 에너지를 아껴서 핵발전소를 꺼 보겠다고 힘을 쥐어짜고 있었다. 그래서였을까? 동네 도서관에서 관련 도서 몇 권을 빌려 와 후루룩 읽고는 바로 실천에 옮겼다.

'1일 1비움'이라고 쓰고 '1일 1버림'이라고 읽는다. 그렇게 매일 뭔가를 정리해 버리면서 그것들을 수첩에 기록하고 사진을 찍었다.

1008 비움 실천 1일째

화장품 샘플 & 오래된 화장품들, 16년 전 공책, 그을린 나무 주걱, 내일을 여는 작가 75, 시사인 & 한겨레신문 최근 호들, 화장실 솔, 차 거름망, 안 쓰는 메모지

찢어진 일회용 우비, 디올 메이크업 팔레트, 프라이팬 3, 발리에서 산 테이블 매트 4장, 닳은 옻칠 수저 & 손잡이 끝 오염된 나무 티스푼, 플라스틱 스푼 & 포크 세트, 유통기한 지난 코코넛오일, 유통기한 지난 목초액, 동생 선물이었지만 따가워서 쓰지 않던 머플러, 다 쓴 AA 건전지 5개, 종이 쇼핑백들 생협에 전달

이런 식이었다. 혼자 하면 작심 3일이 될까 봐 청주의 청명에게 알렸다. 청명은 소셜미디어 상에서 십여 명과 비움 실천 모임을 하고 있었는데 거기에 내 소식을 공유해도 되냐고 동의를 구했다. 청명을 믿으니 그들도 믿었다. 그래서 동의했다. 하루 한 번 물건들을 정리하고 비우며 기록해서 알렸다. 이후 청주에서 간간이 보내온 응원 메시지가 힘이 되었다.

어쩌면 이 일의 시작은 청명으로부터였을 것이다. 후쿠시마 핵발전소 사고 8주기를 맞아 여의도 국회의사당 앞부터 광화문까지 8km를 걸은 다음 날인 3월 10일 아침에 온 한 통의 문자로부터.

"후쿠시마 8주기에 참여하면서 먹먹한 마음을 달래매, 적게 소유하고 소박한 자유인이 되자는 실천을 탈핵 동지들과 함께 소박한 생활운동으로 접근해 보려 행복한 제안을 해 보려 합니다. 탈핵 동지들, 과도한 소유에 반기를 들고 소박한 삶을 모험해 봅시다! 삶에서 물건을 덜어내어 좀 더 자신에게 집중하고, 가지고 있는 물건이 얼마나 소중한

지 느껴 봅시다! 그리고 실천했던 것들을 서로에게 나누며 즐겁게 조언도 하는 그런 이야기를 나누어 봅시다! 모든 사람이 함께할 수 있는 탈핵이 무엇일까, 에서 출발한 고민을 이 아침에 열정과 마음과 애정을 담아 제안합니다. 결코 쉽지 않으리라 생각합니다. 그래도 해 봅시다. 구체적 안 '1일 1비움, 1일 1비움 유지' 두 가지 실천한 것들을 누구에게든 말하거나 어느 공간에서든 사진과 글을 올리는 겁니다. 즉 비움의 경험들을 나누는 겁니다. 설레는 마음으로 겸손하게 제안해 봅니다."

웬만한 문자는 보는 동시에 삭제하는 내가 그 문자를 지우지 않고 있는 것으로 보아 어쩌면 7개월 동안 본격적으로 그 일에 동참하려는 마음의 준비를 하는 중이었는지도 모른다. 보시다시피 비움기록이라는 게 그 사람의 사생활이 고스란히 드러난다. 그 사람이 무얼 사용하고 있는지 알면 그 사람의 생활상을 알 수 있고 거기에는 배어 있는 가치관과 철학까지도 자연스럽게 추측할 수 있다.

5일째, 23년 된 빨래 삶는 들통을 버렸다. 또 다른 '삶숙이'가 있었기에 같은 용도의 두 개는 일단 정리 1순위였다. 언젠가 쓰겠지 하며 아까워서 쟁여 두던 할머니 습성을 비우기로 했다.

9일째, 향수들, 립글로스들, 팔찌들, 반지, 손거울, 아이브로우 펜슬, 아이프라이머, 금반지 보증서들, 앙코르홀리데이 호텔 빗, 발 각질 케어 제품, 청심환, 이쑤시개, 열쇠 들을 버렸다. 그와 더불어 치장으로 예뻐 보이고 싶은 마음을 비웠다.

10일째, 23년 된 커피메이커, 25여 년 된 실크 스카프, 공정무역 부엉이 지갑, 4년 된 수첩, 오염된 보디 오일, 쓰지 않던 데오도란트, 금 간 다기, 리듬악기 세트, 스낵 통 내용물, 유효기간 지난 EM발효액. 이날 4년 전 수첩 커버에서 옛날 지폐 만 원권을 발견했다. 정리와 비움이 열흘 만에 준 깜짝 보너스였다.

그러나 12일째, 12년 6개월 동안 보온용으로만 사용한 6인용 전기밥솥을 필요한 곳으로 보내며 그동안 사고 싶었던 3인용 에코 전기밥솥을 구매했다. 비움 실천을 하긴 했으나 유지하진 못한 것이었다. 압력솥에서 밥을 해 보온밥통에 넣어 두던 습관을 소용량 전기밥솥에서 밥을 하며 에너지 사용을 비교해 보기로 했다. 도시가스비는 겨울이라 더 나왔고 전기요금은 별반 차이가 없었다.

23일째, 23년 전에 산 잠옷을 버렸다.

2019년 11월 1일 25일째, 제주 제2공항 건설강행저지 비상도민회의 박찬식 상황실장 단식 이틀째부터 나도 하루 한 끼 동조 단식을 시작했다. 비움으로 하는 연대였다. 이것은 공론화가 결정되고 상황실장이 단식을 해지한 15일까지 유지했다.

27일째, 13년 된 책가방을 버렸다. 비움에서 제일 힘든 건 추억도 함께 버려야 한다는 점이다.

35일째, 돌아가신 셋째 고모가 아주 오래전에 떠 준 니트를 1주기 성묘 가서 마지막으로 입고는 돌아와서 버렸다.

그날은 제주 제2공항 강행저지 9일 기도 마지막 날이었다. 저녁 미사 때 공방에서 받은 세월호 목걸이를 정기 세월호 기도회에 참석하는 프란치스코에게 선물했다.

39일째인 11월 15일, 갑작스레 제주 제2공항 백지화 전국행동 전체 회의 소식을 듣고 참석하러 급하게 뛰어가다 휴대용 사진 저장 공기계를 분실했다. 지난 2년 반 동안의 사진들이 저절로 비워졌다. 비움 목록과 함께 청명에게 보내던 사진을 보내지 못하니 조금 더 비워지는 기분이었다. 사실 우리는 과도한 영상 이미지 속에서 살고 있다.

41일째, 포레에게서 과분하게 받은 선물을 돌려드렸다. 똑같은 물건을 두 개 이상 갖지 않는 건 어려서부터의 습관이다.

47일째, 요리하다 불에 그을린 조끼를 세탁소에 가서 기웠다. 새 옷 살 기회를 버렸다.

51일째, 토끼털 조끼를 방송작가 동기인 산하에게 선물했다. 예쁘긴 하지만 점점 동물 털옷을 입는 게 마음 편치 않았기 때문이었다.

11월 29일은 '아무것도 사지 않는 날'이었다. 하루 동안 아무것도 사지 않았다고 좋아했는데 아침에 인터넷으로 도서 구매한 사실을 기억하고는 시무룩했다. 비움 실천 53일째인 이날, 포장도 뜯지 않은 머그컵을 이웃인 으냥에게 주었다. 이후로 그 이웃은 내 비움 실천에 큰 도움을 주었다.

57일째, 기념으로 갖고 있던 다 쓴 볼펜, 립밤, 일회용 컵을 버렸다. 정말이지 추억을 비우는 게 가장 힘들었다.

70일이 넘었다. 그사이 내 비움은 으낭에게 채움으로 이어졌다. 나눌 수 있는 사람이 있다는 건 행복이다.

71일째 비 오는 아침, 길상사에 갔다. 작은 계곡에서 전에 보지 못하던 것을 보았다.

'지극한 도는 어려움이 없나니 오직 분별하는 것을 꺼릴 뿐이라 사랑하고 미워하지 않으면 툭 트여 명백하리라'

침묵의 집에 들어가 집착을 버리고자 명상을 했다. 하지만 그날 아무것도 버리지 못했다.

73일째, 미완의 원고들을 폐기했다. 출판되지 못한 아쉬운 미련을 비웠다.

76일째, 비움 실천 초기부터 망설이던 낡은 캐리어 세트를 버렸다.

1년 전 이사하면서 내 소유물을 방 한 칸으로 줄였다. 목표는 차 한 대에 실을 만큼 짐을 줄이는 것이다. 그런데 지난여름 탈핵희망국토도보순례 청주 구간에서 만난 리산이 이미 자기 소유물을 60개로 줄인 상태인데 여행가방 하나로 줄이는 게 목표란 이야기를 들었다. 어디론가 떠날 때 들고 가는 캐리어는 일종의 상징이다. 그런데 물건을 버리면 집착을 비울 수 있다. 너무 많은 의미 부여, 앞날에 대한 걱정, 과시욕 등등.

그런데 정말 이상한 건 비움 실천을 한 지 두 달 반이 지났지만 내 책상 위에는 여전히 책, 신문, 잡지, 문건 등이 잔

뜩 쌓여 있다. 비우고 또 비워도 여전히 매일같이 뭔가가 쌓인다. 그럼에도 불구하고 비워내야만 한다. 에너지와 자원을 아껴야 핵발전소를 줄일 수 있고 더 나아가서는 쓰레기와 과도한 개발로 병들어 가는 지구 생태를 망치지 않을 수 있기 때문이다.

마침 비움 실천 78일째인 **2019년 12월 24일, 드디어 37년 된 경북 경주시 월성원자력발전소 1호기 영구정지**가 원자력안전위원회 표결로 확정됐다.

한편 일본 후쿠시마에서 출하되는 쇠고기에 대한 방사성물질 검사가 '전수 검사'에서 '샘플 조사'로 완화될 듯하다는 보도도 나왔다. 오폐수 방류에 이어 식품 방사성 물질 오염도 검사 완화까지, 일본의 무책임함에 2020년 여름 제32회 도쿄올림픽과 방사능 위험을 생각하면 아찔했다. (이후 도쿄올림픽은 코로나19 바이러스로 한 해 연기한 2021년에 개최되었다.)

우리나라에는 23개의 핵발전소가 있다. 2020년 1월 1일 한국수력원자력 원전 실시간 운영현황 상 고리 1호기는 영구정지, 월성 1호기는 정지됐고 신고리 5, 6호기와 신울진(신한울) 1, 2호기는 건설 중이다. 가동 중인 핵발전소는 고리 2호기, 신고리 1, 2호기, 월성 2, 4호기, 신월성 1, 2호기, 영광(한빛) 1, 2, 5, 6호기, 울진(한울) 1, 3, 5, 6호기이며, 정비 중인 핵발전소는 고리 3, 4호기, 신고리(새울) 3호기, 월성 3호기, 영광(한빛) 3, 4호기, 울진(한울) 2, 4호기다.

핵발전소는 사고 위험이 가장 크고 유출되는 방사능은 물론 이에 따른 사용후핵연료 처리문제 또한 심각하다. 처치 곤란인 핵폐기물이 버젓이 핵발전소에 쌓여 넘칠 지경인데 돈 안 드는 깨끗한 전기를 쓴다니 눈 가리고 아웅도 정도가 있지, 그렇게 주장하는 분들 앞마당에 핵폐기물을 쌓아 놓아 봐야 그 폐해를 아실까? 그러나 그런 분들과 그런 주장을 하는 단체를 모두 상대할 수 없으니 내 삶부터 탈핵을 위해 조금씩 바꿔 가고 있는 중이었다.

크리스마스가 지나고 세계일주를 할 수 있다는 80일째인 12월 26일. 유성기업 노동자들은 다음 해 1월 10일 항소심 선고를 앞두고 108배에 돌입했고, 쌍용자동차 해고노동자들은 1월 2일 복직을 코앞에 두고 무기한 휴직 통보를 받았다. 심란한 마음으로 잠자리에 들었는데 꿈을 꾸었다. 깨 보니 새벽 세 시 반. 서너 시간을 하염없이 울었다. 흐르는 눈물 따라 "출출이 우는 깊은 산골로 가 마가리에 살"(백석 시 「나와 나타샤와 흰 당나귀」 중)고 싶은 내 욕망을 흘려보냈다.

'1일 1비움'으로 2019년을 보내고 2020년을 맞는다. 매일 비워도 날마다 새로운 것이 채워진다. 그래도 계속 비울 것이다. 그렇게 하루하루를 살아가야겠다.

이렇게 이 글을 마무리할 때쯤 소식이 하나 날아들었다.
2019년 12월 29일, 김진숙과 소금꽃나무들의 희망도보행진 '동행버스'가 서울에서 내려가 대구 스파밸리부터 영남대의료원 고공농성장까지 걷는다고 했다.

오전 8시, 서울 광화문에서 모인 37명이 고(故) 문중원 기수 분향소에서 분향한 후 동행버스를 타고 내려갔다. 대구에서 기다리던 이들과 결합하니 200명 이상이 되었다.

182일째 고공농성하고 있는 영남대 의료원 해고노동자 박문진 보건의료노조 전 지도위원을 응원하기 위해 암 투병 중인 김진숙 민주노총 부산본부 지도위원이 부산에서부터 111km를 걸어가는 여정에 그 200여 명이 9km 남짓을 함께 걸었다.

남녀노소 빈부고하를 막론하고 누구나 한 번에 한 걸음씩만 걸을 수 있다. 걸음이야말로 평등한 행위이다. 우리는 생명을 살리는 평화로운 세상을 위한 평등한 발걸음을 함께 내디뎠다. 길 위는 비움 실천에 가장 적합한 장소다. 어깨와 다리가 감당할 수 있을 만큼만 소유할 수 있기 때문이다. 그래서 나는 또다시 길 위로 나아간다.

다시 길 위에서

9장

2020년, 경주 나아리와 울산 북구

해 질 녘 경주 시외버스터미널에는 천년고도의 해묵은 영광이 내려앉고 있었다. 그 쓸쓸함 너머 탈핵도보순례 벗들인 니키와 청명이 환하게 걸어왔다. 지난해 여름 마지막 탈핵희망국토도보순례 이후 각자의 생활 터전을 중심으로 도보순례를 이어 온 우리는 반년 만인 2020년 2월에 다시 모였다. 비록 우리가 톰으로 불렀던 성원기 교수를 중심으로 했던 순례는 마무리됐지만 우리는 탈핵 발걸음을 멈출 수 없었다. 그래서 당시 한국 탈핵 활동에서 가장 시급한 문제인 고준위핵폐기물 임시저장시설(맥스터)의 예정지인 경주시 양남면 나아리를 찾았다. 그날 밤 황분희 월성원전이주대책위원회 부회장 댁에서 묵었다. 다음 날, 황분희 부회장은 우리가 한 공간에서 숨 쉬고 자는 것이 행복했다고 고백하였다.

월성핵발전소 앞 상여시위와 울산시 북구 서명운동

월요일 아침 8시면 나아리 주민들이 농성천막에 모인다. 매주 경주환경운동연합과 울산시민연대에서 오고, 2020년 2월 10일 월요일엔 특별히 월성상가번영회에서도 왔다. 농성천막에서 한국수력원자력 월성원자력본부 남문까지는 그리 멀지 않다. 핵발전소에서 벗어나면 방사능으로부터 안전하다고 하는 900여m 정도일 뿐. 그 짧고도 긴 거리를 사람들이 상여를 끌고 터벅터벅 걸어가기 시작했다. 가뜩이나 바쁜 출근 시간에 1차선 도로는 마비되었지만, 상여 뒤로 꽉꽉 막히는 자동차 중 어느 한 대도 경적을 울리지 않았다. 한수원 직원들조차 이주투쟁 1,993일째의 위용을 존중하고 있는 건지, 상대하지 않는 건지, 아무것도 해 줄 수 없으니 묵인하는 건지 알 수 없었다. 그런데 당시 이주투쟁에 한 가지 쟁점이 더 있었다. 고준위핵폐기물 저장고 추가 건설 금지 요청이었다.

고준위핵폐기물은 원자로에서 꺼낸 사용후핵연료로, 스치기만 해도 사망하며 10만 년 이상 안전하게 보관해야 하는 위험물이다. 정부는 2005년에 중저준위핵폐기장을 유치하면 2016년까지 고준위핵폐기물을 반출하겠다고 약속했다. 그런데 이제 와 월성원전에 7기의 고준위핵폐기물 저장고인 맥스터를 더 건설한다고 했다. 맥스터는 핵폐기장 특별법이 금지한 시설이다. (중저준위핵폐기장 특별법 18조 "원자력안전법 제2조 제5호에 따른 사용후핵연료의 관련 시설은 유치지역에 건설하여서는 아니 된다.")

국내 유일 가압형중수로 핵발전소 앞에서 나아리 주민들은 이주하게 해 달라는 요청과 함께 고준위핵폐기물 저장고 (맥스터) 저지를 소리 없이 외치고 있었다.

나아리, 우리 마을을 떠나게 해 주세요

2005일. 월성원전이주대책위의 투쟁일수(22일 현재)이다.

경북 경주시 양남면 나아리 월성원전 인근에 사는 주민들이 매주 월요일 빈 상여를 끌고 한수원 월성원자력본부 앞까지 걸어갔다 온다. 화요일에는 한 시간 거리 경주 시내까지 나가 한 바퀴 돈다. 확성기도 마이크도 없이 그저 묵묵히 걷는 이들의 소원은 '이주'.

월성원전은 천연 우라늄을 원료로 쓰는 중수로 핵발전소로 중저준위핵폐기장도 있다.

때문에 나아리 주민들 몸에서는 삼중수소가 검출되고

재작년에는 마을 중학생이 급성백혈병으로 사망했다.

부동산 매매는 끊긴 지 오래라 자력으로는 마을을 떠날 수가 없다.

그런데 이번에는 고준위핵폐기물 임시저장시설인 '맥스터'를 짓겠다고 한다.

"위험천만 핵쓰레기장 맥스터 건설 반대한다!"

"중수로 핵발전소 월성 2~4호기를 조기 폐쇄하라!"

"나아리 주민의 이주를 허하라!"

—2020년 2월 22일 한겨레신문 [한 장의 다큐]

상여시위 후 울산시민연대 이은정 북구대표의 차로 니키, 소산, 청명과 함께 울산시 북구문화예술회관으로 이동했다.

오전 10시부터 두 시간 동안 '핵쓰레기장! 북구 주민의 힘으로 막아냅시다' 서명운동을 했다. 울산시 북구는 월성 핵발전소로부터 반경 20km 이내에 포함돼 있어 오히려 경주 시내보다 더 가깝다. 그런데 행정구역상 경주가 아니라는 이유로 어떤 정보도 없이, 동의도 구하지 않은 채 경주시 결정에 의한 피해를 고스란히 입을 지경이었다. 그러자 핵쓰레기장 추가건설반대 울산북구주민대책위와 탈핵울산시민공동행동은 지난 1월부터 울산 북구 주민을 대상으로 산업부에 전달할 주민투표 청원 서명을 받는 중이었다.

북구 인구는 21만 8013명(2020년 1월 말 기준), 21대 총선 기준 만 18세 이상 북구 유권자 인구 17만 3661명이라고 한다.[51] 이 중 5%면 청원 가능하니 일단 만 명 정도의 동의가 필요했다. 이날 이은정 울산시민연대 북구대표와 함께한 다섯 명이 온종일 호계동과 천곡동 등에서 580명의 서명을 받았다.

경주시 도보행진

2020년 2월 11일 화요일 아침나절 다시 북구문화예술회관에서 간단한 서명을 받고 니키, 소산, 청명과 함께 호계역에서 무궁화호 기차를 타고 경주역으로 갔다.

안강에서 모니카, 나아리에서 황분희 부위원장, 경주환경운동연합 이상홍 사무국장과 주미 사무차장과 또 한 분의

---

51 탈핵신문 75호, 울산, 산업부에 1만 명 넘는 북구주민투표 청원서 전달, 2020.3.4

경주시민과 함께 오후 2시부터 경주역을 시작으로 걷기 시작했다.

'방폐장 유치 약속 위반! 고준위핵폐기물 저장소 추가건설 결사반대 탈핵경주시민공동행동'이라고 쓰인 현수막을 들고 걸어가는 무리 옆으로 황분희 부위원장의 발걸음이 쓸쓸해 보였다. 매주 멀리까지 와서 걷지만 아무도 신경 쓰지 않는 것 같은 무심함이 경주 시내에 팽배했기 때문이었다.

매주 경주역에서 고속버스터미널까지 왕복 도보순례

그 소외감을 뒤로한 채 시외버스에 올랐다. 울진으로 가야 했기 때문이었다. 맨 처음 밝힌 바 있지만 나는 탈핵희망국토도보순례단을 만나기 이전부터 핵발전소가 몰려 있는 7번 국도를 걷고자 했었다. 2018년 여름, 전라남도 영광 한빛핵발전소를 시작으로 겨울과 여름, 경상남도 고리와 경상북도 월성핵발전소까지 탈핵희망국토도보순례를 했으니 남은 건 울진핵발전소뿐이었다. 그런데 지난여름 도보순례단이 해체됐고, 나는 혼자서라도 순례를 이어 갈 거라고 공공연히 말하고 다녔다. 반년간 사람들을 모으고 보름 전부터는 구체적인 여정을 짰다. 거리 계산을 하고 숙박할 지점을 물색하면서 6년 반 동안 톰(성원기 교수)이 감당했던 노고를 실감했다. 청명의 제안에 따라 경주와 울산의 시급한 탈핵 사안에 함께한 후 나는 내 길을 떠나기로 계획했었다. 경주에서 울진까지 코스를 짜다가 출발 며칠 전에 전격적으로 울진에서부터 삼척까지로 대폭 수정했다. 오래전 부산에서 울진까지 7번 국도를 다큐멘터리로 제작한 적이 있었기에 그 너머 길을 걸어 보고 싶었다. 니키도 청명도 각자 탈핵의 길을 가기로 했고, 나는 울진으로 향했다.

2020년 2월 12일부터 15일까지 울진 망양정에서 삼척 우체국까지 총 85km 중 79.6km를 걸었다.

2월 19일, 울산시 북구 주민 11,483명 주민투표 청원서를 산업부에 전달했다. 그러나 코로나19 바이러스 창궐로 인해 3월 예정이었던 주민투표는 연기되었다.

2020년 4월 15일 총선이 다가오고 있다. 탈핵시민행동은 21대 총선 후보들에게 탈핵 정책을 제안하고 진행하고 있었다. 제안 내용은 신규핵발전소 건설 중단과 노후핵발전소 수명연장 금지 법제화 등 탈핵에너지 전환법 제정과 에너지 수요관리와 이용 효율화, 재생가능에너지 확대 등과 관련한 법 제정, 원자력안전위원회 위상 및 독립성 강화, 고준위핵폐기물 공론화 중단과 제대로 된 공론화 추진, 핵재처리 연구 금지 및 한국원자력연구원 개혁, 생활방사능 안전 및 발전소 주변지역 피해주민 대책 마련, 탈핵·에너지전환교육홍보 강화 등이었다. [52]

6월 울산시 북구 주민투표

전국에서 탈핵을 지지하는 이들이 울산 북구에 모였다. 울산 북구의 일이 곧 경주의 일이자 전국의 일이었기 때문이었다. '월성원전 사용후핵연료저장시설 추가건설 찬반 울산북구 주민투표'를 실시했던 2020년 6월 5일과 6일의 모습이었다. 지난 2월 10일에 참여했던, 그간의 울산 북구 서명운동의 결실을 거두는 시간이었다.

사전투표 · 온라인투표와 더불어, 코로나19 바이러스로 체온 측정, 비닐장갑 사용 등 불편함이 그득한 본투표까지 포함해 유권자 175,138명 중 50,479명이 투표에 참여해 28.82%의 투표율을 보였다. 투표자 중 94.8%인 47,829명이 '월성원전 사용후핵연료 대용량 조밀건식저장시설(맥스터)' 건설에 반대했다. 비록 목표했던 6만 명에는 미치지 못했지만, 바이러스 정국을 감안할 때 투표 참여인원 수는 대단히 유의미했다.

그날 투표는 저녁 8시에 마감했고 투표용지를 개표소까지 나르고 나니 밤 9시였다. 월성핵발전소가 있는 나아리에 가 보고 싶었지만 갈 수 없었다. 대신 다음 날 새벽 경주역 앞에 있는 '월성원전 핵쓰레기장 추가건설 반대 경주시민대책위' 천막농성장에 들러 보았다. 천막에서는 몇몇이 한뎃잠을 자고 있었다.

52   탈핵신문 75호 참고

경주역 앞 월성원전 핵쓰레기장 추가건설반대 농성천막

나아리의 아픔

2020년 6월 26일 금요일, 황분희 월성원전이주대책위원회 부위원장의 전화를 받았다. 나아리비상대책위원장이 경주시청 앞에서 5일째 단식농성 중인데 전날 몸싸움이 났다고 했다.

6월 마지막 날, 빗속을 달려 경주시청 앞에 갔을 때는 오종태 나아리비상대책위원장 단식 9일째였다. 오종태 나아리비상대책위원장은 지난 2월 상여시위 때 함께했던 분이었다. 그때만 해도 맥스터에 대해선 불분명한 입장이었다. 그런데 갑작스러운 비상대책위라니? 그의 단식 이유는 '마을 공공자금 유용 및 횡령 의혹'으로 홍중표 나아리 이장을 교체해 달라는 것이었다.

경주시청 앞 단식 9일째

알아보니 한수원이 월성원전 1호기 재가동을 조건으로 나아리에 거주하는 주민(2015년 6월 30일 전입 기준)에게 지역 상생협력 지원금으로 약 66억 5천만 원을 지원했다. 그런데 10년 이상 거주민들로 구성된 '마을회'에서는 그 자금으로 자체주민사업을 진행하는 시범마을추진위원회를 출범시켰다. 그곳에서 하는 사업이 풀빌라(수영장이 있는 빌라형 숙박 시설) 건설이었다. 그런데 사업자 선정을 경쟁입찰이 아닌 수의계약으로 했고, 한수원의 막대한 지원금에 부지담보 은행 대출 13억에 이어, 10억 원의 추가 대출 요청이 발생한 것이었다. 이에 지원금 대상자임에도 마을회와 시범마을추진위원회에서 배제된 주민들이 나아리비상대책위원회를 조직하였다. 그리고 그제까지 진행된 사업자료 공개를 요청했으나 거부당하고 있었다.

이 사업을 진행한 나아리 이장의 임기는 2019년 12월 31일까지였다. 마을 사람들은 재임 기간 중 불투명한 행정과 소통 부재 등의 책임을 물어, 재임용 과정에서 경주시 조례에 의해 주민의견 수렴에서 전 주민의견을 듣고 이장을 임명해 달라고 면장에게 수차례 요구했다고 한다.

양남면장은 2020일 1월 14일 오후 4시에 주민 의견을 듣겠다고 하고는 오전 9시에 이장을 임명했다. 이에 반대하는 주민들은 이장 임명 철회를 요구했다. 면장은 철회 대신 의혹 규명을 위해 필요한 자료를 홍중표 이장에게 제공 받아 비대위에 전달해 줄 것을 약속하고 이행합의서에 서명했다고 한다. 이장은 3월 20일까지 자료를 제공하기로 하고 이를 이행하지 않을 경우 자진 사퇴를 약속했다고 한다. 6월 1일, 주낙영 경주시장은 이장 임명에 주민 의견이 수렴되지 않을 경우 해임하겠다고 약속했다고 한다. 그 약속이 이행되지 않자, 6월 22일에 비대위원장이 단식에 돌입한 것이었다. 얼핏 보면 마을 내 이권 다툼이었다. 그러나 나아리비상대책위원회는 주장했다.

"이 사태는 주민들 간의 반목과 갈등의 문제가 결코 아님을 밝혀 둡니다. 이번 사건의 핵심은 나아리 이장 홍중표 마을 공공자금 유용 및 횡령 의혹이며, 현 양남면장의 방조가 우리 마을을 더욱 피폐하게 만든 원흉이라는 것입니다."

한 해 전인 2019년 6월 탈핵희망국토도보순례 때 그 풀빌라 건설 현장을 지나쳐 월성핵발전소에 갔었다. 방사능 가득한 바닷가에 살고 있는 사람들 중 일부는 이주를 시켜 달라고 애원하고 있는데 한쪽에서는 풀빌라를 지어 관광객을 유치하겠다는 것이었다. 고개를 돌리면 보이는 핵발전소 2km 읍천리 바닷가에서 이장폐천(以掌蔽天), 눈 가리고 아웅인 셈이었다.

경주시 양남면 읍천리 풀빌라 신축 공사 현장

오후 2시 집회를 보니 제대로 된 연대도 투쟁 경험도 없었다. 막막했다. 소금 한 알갱이, 효소 한 모금 없이 생수로 연명하는 위원장을 두고 나아리로 향했다.

2,135일째 이주투쟁하는 황분희 월성원전인접지역 이주대책위 부위원장을 만나 월성핵발전소 앞에 가 보았다. 평온한 바닷가에 어린아이들과 가족으로 보이는 어른들이 놀고 있었다. 방사능의 위험에 대해 전혀 인지하지 못하고 있는 광경이었다. 눈앞에 시커먼 돔들이 보이는 곳에 눈에 넣어도 아프지 않을 아이들을 데려오는 건 무지일까 무감각일까? 해변에 앉아 있는 젊은 엄마들 뒷모습에 아픈 눈길을 보냈다.

월성핵발전소 앞

뜨거운 7월

그해 여름 탈핵도보순례는 그렇게 경주시 양남면 나아리 월성핵발전소 앞에서 본래의 취지를 가다듬고 시작했다. 근처 감은사지 삼층석탑을 보고 삼척으로 가려고 했는데 봉길터널밖에 길이 없었다. 그제야 내가 왜 번번이 월성핵발전소부터 울진핵발전소까지 도보순례를 미뤘는지 알았다. 월성핵발전소 때문에 동해안 7번 국도를 따라가는 해파랑길이 해안이 아닌 터널로 난 것이었다. 컴컴하고 위험한 터널 2.4km를 어떻게 걸어가나? 직진하면 5km 거리를 산을 돌아가면 15km가 넘어 하룻길이다.

이것은 비단 도보의 문제만이 아니다. 만에 하나 월성핵발전소에서 사고가 난다면 나아리 주민들은 대피하기가 어렵다. 터널이 무너지거나 차가 막히거나 사고가 나면 북쪽으로 갈 수가 없다. 나산천 따라 있는 도로는 매우 협소하다. 퇴로는 남쪽 울산으로 가는 31번 국도뿐이다. 양남면

행정복지센터에서 904번 지방도로로 가거나 계속 31번으로 가거나 둘 중 하나뿐이다. 사고 시 순식간에 쏟아져나올 차와 사람을 수용할 도로가 부족하다.

2020년 7월 1일부터 7월 8일까지 삼척우체국부터 고성 통일전망대 출입신고소까지 187.5km를 걸었다.

그사이 나아리비상대책위원장은 단식 15일째 병원에 실려 갔고, 17일째 단식을 접었다.

2020년 7월 18일 토요일 '핵쓰레기장 저지 범국민 행동'이 경주에서 열렸고, 청명과 니키가 그곳에 있었다. 사흘간 있었던 전국공론화(500명)에 이어 이틀간 진행하는 지역시민단(150명) 공론화 저지차 간 것이었다. 그런데 주최 측에서는 갑자기 예정된 장소를 바꾸어 각 가정에서 모니터를 통해 공론화를 진행했다고 한다. 졸속 처리였다.

7월 22일 수요일 국회 '월성 1호기 등 중수로 삼중수소 관련 기자회견'에서 황분희 월성원전이주대책위 부위원장과 신용화 사무국장을 만났다. 자료에 의하면 월성 1호기 영구정지로 삼중수소 배출량이 절반 가까이 줄었다. 전 세계에서 10% 정도밖에 없는 캐나다형 가압중수로인 월성 1호기는 경수로에 비해 삼중수소 배출이 기체에서 4~5배 가까이 높다. 이미 수명이 다해 폐쇄 결정한 월성 1호기를 재가동하자는 일부 주장은 인근 주민건강과 국민 안전을 무시하는 바였다.

이날 나아리에서는 이장 해임, 시범마을 공동사업 자료 공개, 10억 추가대출 반대 등 안건을 놓고 시범마을 임시총회가 예정돼 있었으나 또 연기되었다. 홍중표 이장은 기어이 추가대출을 받았고 연임에 연임을 거듭했다. 이제 마을에선 농사짓던 어르신들이 돈 얘기를 하고 있단다. 핵발전소로 인해 땅과 물과 공기는 오염되고 그것을 유지하려는 자본으로 인해 나아리 공동체 민심은 분열되고 있었다.

탈핵도보순례 이후 울산 경주 사람들이 서울에 올라왔다는 소식이 들렸다.

2020년 7월 27일 월요일, 광화문 세종문화회관 앞에서 한반도 종전평화캠페인을 하고 난 후였다.

월성핵쓰레기장반대주민투표 울산운동본부와 월성원전핵쓰레기장추가건설반대 경주시민대책위 등 시민단체들이 오전 10시 경주 기자회견을 거쳐 오후 2시 서울 청와대 앞에서 기자회견을 했다는 것이었다. 내용은 재검토위원회가 7월 24일에 발표한 경주 지역 공론 결과인 맥스터 찬성 81.4%에 조작 의혹이 있으니 민관 합동 진상조사와 공론조사 책임자 고발 등을 요구했다.

이날 탈핵법률가모임 해바라기에서 낸 성명서 일부를 소개한다.

5. 방사성폐기물의 저장, 처리, 처분시설 및 그 부속시설('방사성폐기물 관리시설')을 건설, 운영하려는 자는 원자력안전위

원회의 허가를 받아야 하고, 방사선환경영향평가서, 안전성분석보고서 등을 제출해야 하는데(원자력안전법 제63조 제1항, 제2항), 방사선환경영향평가서를 작성할 때 방사선환경영향평가서 초안을 공람하게 하거나 공청회 등을 개최하여 방사선비상계획구역 범위의 주민의 의견을 수렴하고 이를 방사선환경영향평가서의 내용에 포함시켜야 한다(원자력안전법 제103조 제1항).

산업부가 재검토위원회의 설치 및 사용후핵연료 관리정책 공론화의 근거로 삼고 있는 방사성폐기물관리법 제6조, 제6조의2가 모두 '방사성폐기물 관리시설'에 대한 공론화 내지 주민의견수렴임을 전제로 하고 있으므로 방사성폐기물 관리시설에 대한 공론화 내지 주민의견수렴은 결국 원자력안전법 제103조에 의하여 방사선비상계획구역 범위 내의 주민들을 대상으로 하여야만 적법한 것이다.

그런데도 산업부와 재검토위원회는 '원전 내 임시저장시설 추가 확충'에 대한 의견수렴 대상을 원전 소재 행정구역 주민들로 제한하고, '월성원전 지역주민 의견수렴'에서도 월성원전 반경 5km 이내 주민과 일부 인근 경주시민들만을 대상으로 주민의견을 수렴하였다. 이는 **월성원전 방사선비상계획구역(원전 반경 30km 이내) 내 울산 주민 약 104만 명 등이 제외된 것으로서 원자력안전법 제103조에 명백히 위반된 것이다.** 반면 산업부와 재검토위원회가 '원전 내 임시저장시설 추가확충'에 대한 주민의견수렴 대상 범위를 원전 소재 행정구역으로 반경 5km 이내 주민으로 제한할 수 있는 그 어떤 법적인 근거도 없는 것이다.

다음 날인 농성투쟁 2일 차 7월 28일 화요일, 청와대 앞으로 갔다.

월성핵쓰레기장반대주민투표 울산운동본부 이은정 상임공동대표와 탈핵울산시민공동행동 임영상 공동대표가 피켓을 들고 1인 시위를 하고 있었다. 영상과 은정은 탈핵희망국토도보순례와 월성 핵쓰레기 반대 울산북구 주민투표로 안면이 있었기에 서울까지 온 이상 서울시민인 내가 맞이하는 게 당연했다.

그들은 경주시 양남면 주민 39명 중 단 한 명인 2.9%가 반대를 했다는 사실과 145명의 시민참여단 중 한수원 협력업체 직원이나 가족이 포함돼 있다는 것만으로도 공론화의 신빙성을 의심했다. 왜냐면 지난 6월 한길리서치에서 경주 양남면 주민 891명을 대상으로 여론조사를 한 결과는 맥스터 건설반대가 55.8%였기 때문이었다. 경주지역실행기구 용역업체인 한국능률협회가 경주지역 시민참여단 모집 시, 3000명의 사전 샘플링 조사에서 의도적으로 찬성 쪽 주민 위주로 145명을 선정한 것이 아닐까 하는 의혹은 무리가 아니었고 증거자료도 있다고 했다.

게다가 핵발전소에서 경주시청은 27km, 울산 북구청은 17km 거리로 울산 북구가 경주 시내보다 더 가깝다. 반경 30km 안에 있는 울산이 단지 행정구역상 경주가 아니라는 이유로 주민의견수렴에서 배제되었다는 사실을 울산 측은 받아들일 수 없었다. 그랬기에 자체 경비를 들여 주민투표까지 했고 그 결과로 95%의 반대를 보여 주었다. 그럼에도 울산 북구 주민들이 원전 인근 주민으로 인정되지 않는 불합리함에 저항하고 있었다.

울산 대표로 온 영상은 약국을 후배에게 맡기고, 은정도 고3 입시생 수업을 미루고 가족과 집을 떠나 서울 생활을 시작했다. 새벽 6시부터 저녁 6시까지 광장에 서 있는 무지막지한 투쟁이었다. 이들의 외로운 싸움에 녹색당 성미선 공동운영위원장과 건강한사회를위한약사회 이동근 사무국장과 울산에서 은정이 다니는 새생명교회 한기양 목사와 진보당 김재연 대표 등이 와서 지지해 주었다.

월성핵쓰레기장반대 탈핵울산시민공동행동

7월 29일은 유성기업 손배소에 대한 제대로 된 판결을 촉구하는 대법원 앞 기자회견이 있었기에 청와대 앞에 갈 수 없었다.

시위 4일 차인 7월 30일 목요일 11시 지역·종교·시민사회·전문가·정당이 모여 '실패한 사용후핵연료 관리정책 재검토 공론화 무효 기자회견'을 가졌다. 이때 이상홍 월성원전핵쓰레기장 추가건설반대 경주시민대책위 집행위원장의 발언은 많은 이들의 심금을 울렸다. 그는 부안핵폐기장 때부터 월성원전핵쓰레기장까지 탈핵 역사 속에 있었지만 전 정권과 지금이 뭐가 다르냐고 울부짖었다.

같은 날 14~17시에 '사용후핵연료 공론화, 무엇이 문제인가?' 시민사회 토론회가 정동 프란치스코교육회관에서 열렸다.

안재훈 고준위핵폐기물전국회의 공동집행위원장의 사용후핵연료 재검토 진행 과정과 문제점 진단에 이어 이영희 가톨릭대 사회학과 교수의 사회로 이상홍 월성원전핵쓰레기장 추가건설반대 경주시민대책위 집행위원장, 이은정 월성핵쓰레기장건설반대 울산북구주민투표운동본부 상임공동대표, 석광훈 녹색연합 정책위원, 이헌석 정의당 생태에너지본부장의 발제가 있었다. 이헌석 정의당 생태에너지본부장은 사용후핵연료 재검토 현 상황 진단 및 향후 과제에 대해 다음과 같이 발언했다.

"맥스터는 선거공약 100대 국정과제에 의해서 추진되었습니다. 똑같은 일이 박근혜 정권 때도 있었습니다. 당시에는 더불어민주당과 함께 맥스터 반대했었죠. 그러니 지금 정확한 전선이 어디에 쳐 있는지 봐야 한다는 겁니다. 산업부가 조직적으로 활동했고 결과적으로 맥스터 건설로 종결된 겁니다. 우려스러운 것은 맥스터로 끝날까요? 지금은 경주에서 시작했지만 다음은 어디일까요? 고리(부산), 영광, 울진, 울주 등 다른 지역 사용후핵연료 문제가 넘어갈 가능성이 있습니다. 보수 야당은 언급을 하지 않고 있습니다. 정부를 움직여야 합니다."

토론 후 질문시간이었다. 신용화 월성원전이주대책위원회 사무국장이 수용성에 대해 물었다.

"현재 공청회장에 가면 한수원의 일방적인 발표만 있어요. 공청회 전에 주민들 수준을 만들어주어야 하는데, 이런 절차 없는 공청회가 한수원의 폭력으로 느껴지는데 수용성에 대한 방법에 대해 알려 주셨으면 하고, 재검토가 산자부와 의견이 안 맞는다고 해서 조율된 내용이 한꺼번에 무시될 수 있는 건지요?"

이상홍 집행위원장이 형식적인 공청회에 대해선 얘기할 게 없고 핵쓰레기장은 건설단계만 경주단위이고 전체적으론 전국단위라는 답변을 했다. 질문자는 답답함을 토로했고 답변자는 뾰족한 대안 없는 현실을 말해 주었다.

시위 5일 차인 7월 31일 금요일 이른 아침, 교통방송 〈김어준의 뉴스공장〉에 경주환경운동연합 이상홍 사무국장과 울산 이은정 공동대표가 출연했다. 평소엔 듣지 않던 나 같은 청취자까지도 귀를 쫑긋 세운 천금 같은 15분이었다.

11시, 노동당 주최 기자회견에 탈핵신문 용석록 편집위원(울산탈핵공동행동 공동집행위원장)과 청주 청명도 왔다.

은정은 "이번 공론화는 조작이고 사기입니다. 울산, 경주,

포항 주민에게 물어보고 다시 하십시오!", 영상은 "문 대통령이 설마 모르겠지 했습니다. 그러나……."라고 토로했다.

탈핵희망국토도보순례 때 잠시 스쳤지만 내가 본 울산은 최첨단 산업도시로 시장 상인들도 탈핵에 대해 찬성하고 있는 곳이었다. 그런 울산 시민의 정권에 대한 실망감은 분명 큰 강도일 것이다.

사용후핵연료 관리정책 재공론화 무효

8월에 이어지는 투쟁

6일 차인 2020년 8월 1일 토요일, 류경민 진보당 북구지부 노동위원장과 건강한사회를위한약사회 김연희 연대사업부장이 다녀갔다.

7일 차인 8월 2일 일요일, 앞이 보이지 않는 폭우가 몰아치는 청와대 앞에 양이원영 민주당 의원이 잠시 다녀갔고 이상범 울산환경운동연합사무처장이 은정과 함께 있었다.

8일 차인 8월 3일 월요일, 경주에서 경주환경운동연합 주미와 '겨레하나' 등이 올라왔고 11시 30분, 진보당 주최 기자회견을 했다. 그동안 경주에서 맥스터 공론화 저지 투쟁을 맹렬하게 해 온 주미는 열한 살짜리 아이가 그려 준 핵쓰레기장 반대 티셔츠를 입고 왔다. 한 달 전기요금이 2천 원대라는 주미네는 탈핵실천의 모범이 되기에 충분했다.

9일 차인 8월 4일 화요일, 울산 임영상, 안승찬, 임수필, 박진영이 피케팅을 했고 녹색당 위원장은 나와 마찬가지로 매일 방문했다.

10일 차인 8월 5일 수요일 9시 30분, 정의당 국회 기자회견이 있었다. 이후 정의당과 양남면 대책위에서 방문했다.

11일 차인 8월 6일 목요일 11시, 핵폐기를 위한 전국네트워크에서 '히로시마 원폭투하 75주기 한일 동시 공동기자회견'을 했다. 이들이 주장하는 핵발전소 폐기의 이유는 기자회견문에 나와 있듯 명백하다.

첫째, 일상적인 사고뿐 아니라 체르노빌과 후쿠시마에서 보듯 대규모 핵 참사가 가져올 재앙이 상존하고 있다.

둘째, 100만 년 이상 보관해야 할 고준위핵폐기물 처리 문제는 인류가 직면한 최대 난제다.

셋째, 플루토늄 추출을 위한 핵무기 제조에 대한 유혹이다.

넷째, 금융자본과 핵 마피아(원전 마을)들에 의한 착취와 생태파괴의 자본주의 개발과 성장을 촉진한다.

12일 차인 8월 7일 금요일 오전 11시에 임영상과 윤종오 전 울산 북구 국회의원 및 북구청장이 먼저 갔고, 고창 주민들이 점심밥을 사 준 후 살루스 수녀에 이어 오후 2시에 떠났다.

나와 은정만 남았다. 오후 3시가 되자 은정과 함께 배너와 피켓 등 물품을 정리했다.

"기나긴 여정이 끝나는구나."

두 주간의 서울 투쟁을 마치는 은정의 혼잣말이었다. 집 떠나 2주면 가정주부에겐 기나긴 여정이다. 하지만 은정은 주부 이전에 울산시민연대 북구모임 대표였고 2015년부터 매주 3년간 노란리본을 만들던 이였고(이후 '더불어숲'에서 지금까지 매월 제작) 월성핵쓰레기장건설반대 울산북구주민투표운동본부 상임공동대표였다. 오랜 세월 아이들에게 학문으로서의 수학을 가르친 선생님으로서 마을 공동체를 꾸리는 게 꿈인 그에겐 지켜야 할 게 아주 많았다. 근 2주간 거의 매일 본 은정을 버스에 태워 보내며 우린 서로 애써 눈물을 감췄다. 그이가 건네준 노란 우산을 손에 꼭 쥐고 조만간 다시 만남을 마음으로 전했다. 가끔은 말하지 않아도 아는 게 있다. 그건 친구 사이에 가능한 일이다.

이후 은정도 나도 없는 일주일간 청와대 앞을 종교인들이 지켰다. 물론 내가 매일 가던 날들 중에서도 미처 못 본 분들이 그 자리에 가서 응원과 지지를 보냈을 것이다.

그 주말인 8월 16일, 탈핵희망국토도보순례팀이 모였다. 삼척에서 석탄화력발전소 건설중단요구 피켓시위를 24일 간 한 톰(성원기 교수)이 올라왔고 그와 함께하던 순례자들이 왔다. 모두 아홉 명이 오후 2시부터 4시까지 청와대 앞에서 거리두기에 맞춰 돌아가며 피케팅을 했다.

2020년 2월 15일, 삼척화력발전소 건설현장을 지나왔었다. 모래사장에 파도가 수를 놓는 명사십리 끝자락에 바다를 흙으로 메운 기다란 방조제가 건설되고 있었다. 언덕배기에서 기이하게 일그러지고 있는 해변을 카메라로 찍었다. 그때 오른쪽에 기댔던 소나무가 움찔했다. 나는 마음의 귀를 활짝 열고 나무의 말을 들으려고 애를 썼다. 그러자 가슴이 아프기 시작했다. 그 자리에서 온종일 절벽 아래 아름다운 명사십리가 파헤쳐지는 현장을 지켜보는 나무의 마음이 전해지고 있었다.

전문가들은 삼척포스코 석탄화력발전소가 완공되어 2024년부터 가동되면 연간 1300만 톤의 온실가스와 570톤의 미세먼지가 배출된다고 한다.[53] 그럼 내가 어깨를 기댔던 소나무도 그 먼지와 더운 공기 속에서 괴로워할 것이다. 내가 나무와 바다를 위해 할 수 있는 건 무엇일까? 소나무를 뒤로하고 터벅터벅 내리막길을 걷는 내 작은 발은 다음에 나를 어디로 데려갈까? 탈핵의 길 위에서 나는 이 땅의 생명과 평화를 찾는 일이 갈수록 어려워질 거라고 추측했었다. 그럼에도 불구하고 계속 걸어야겠다고 다짐했었다. 그때 내가 아픈 가슴으로 염원하던 그 일을 반년 만에 톰이 나서서 하기 시작한 것이었다.

53 그린포스트코리아, '기후 악당' 오명…국내 온실가스 배출 1위 '포스코', 2020.3.27

명사십리 화력발전소 건설현장을 지켜보는 소나무

　며칠 후인 2020년 8월 20일, 정부는 월성원전 사용후핵
연료 임시저장시설(맥스터)을 증설하기로 발표했다. 탈핵
울산시민공동행동은 가만히 있지 않았다. 당장에 기자회견
을 하고 다음 주부터 양남면 대책위와 함께 월성핵발전소
앞에서 저지 투쟁을 할 거라고 밝혔다. 경주 공론화 진상규
명 국회 조사위를 구성해 달라고 계속 요구할 거라고 했다.
기장 고리 1호기 해체 싸움과 2호기 사용후핵연료 투쟁도
해 나갈 거라고 했다. 그에 발맞추어 종교인들의 청와대 앞
피켓시위도 계속되었다.

　이후 탈핵울산시민공동행동은 '사용후핵연료 경주지역
공론화 관련 공개검증과 조사위 구성 촉구'와 '사용후핵연
료 경주지역 공론화 관련 공개검증과 맥스터 건설중단 요
구'를 국무총리와 산업부에 전했다.

　지난 몇 년간 경주시 양남면 나아리 월성원전인접지역

이주대책위 주민들을 보면서 늘 안타까웠다. 힘없는 노인들의 호소를 권력계층 어디에서도 귀담아듣지 않고 있었으니까. 그런데 울산 경주 투쟁을 보며 새로운 연대의 힘을 느꼈다. 월성핵발전소는 경주만의 문제가 아니다. 인접지역인 울산의 문제이기도 하고, 동일 활성단층 위에 있는 경상도의 문제이기도 하고, 핵발전소에서 핵쓰레기가 배출되는 이상 모든 핵발전소의 문제이다. 그리고 그곳에서 생산되는 전기를 쓰는 대한민국 전체의 문제이기도 하다. 내 이웃의 문제는 곧 내 문제가 된다. 그것은 지구에 사는 이상 폭우와 폭염과 혹한과 지진을 누구라고 해서 피해 갈 수 없는 것과 마찬가지다. 이미 지구는 우리에게 기후위기로 위험신호를 보내고 있다. 인간이 멈출 수 있는 재앙이라도 하루빨리 조치를 시도해야 한다. 젊고 패기 있는 울산 탈핵운동의 기운이 전국으로 꽃씨처럼 퍼지기를 기대한다.

핵발전소 없이 안전하게 살자

2021년 1월 8일, 신고리 5·6호기 건설허가처분 취소소송에 대해 법원은 2심 선고에서 기각 판결을 내렸다. 건설허가는 위법하지만 건설취소는 안 된다는 2019년 2월 14일 1심 선고의 판결을 유지한 것이다.

2021년 4월 29일 신고리 5·6호기 건설취소소송은 대법원에서 판결 이유조차 쓰지 않고 심리불속행 기각판결하였다. 이에 탈핵신문 김석연 변호사 인터뷰 중 '소송의 한계와 의미를 말한다면?'의 답변을 인용한다.

"소송을 시작할 당시에는 신고리 5·6호기 문제점에 대해서 정보가 약간 부족한 상태였다. 처음에는 다수호기 문제와 중대사고방사선환경영향평가 미실시, 주민의견 수렴절차 등이 쟁점이었는데 소송 도중 10 CFR(미국 연방규칙) 규정 등에 대해 자세히 검토한 결과 쟁점이 추가되었고, 지진역시 경주지진을 통해 소송을 진행하면서 쟁점을 추가하였다. 법령을 가지고 주장을 했기 때문에 원래대로라면 판사가 위법성을 인정하여야 한다고 생각했다. 그런데 2심 판결에 이르러서는 판사들이 '나라 걱정을 한다'는 생각을 했다. 이 말은 판사들이 애국자라는 의미가 아니라 10조 원이라는 거액의 자금이 들어가는 프로젝트 취소에 부담을 느낀 판사들의 알리바이라는 의미이다. 판사들이 법대로 하지 않으면서 핵발전소 지역주민들의 권리와 안전을 내팽개치기 위해서는 뭔가 핑계가 필요하다. 그 핑계가 바로 '나라 걱정'이 아닐까 하는 생각을 해 본다. 사실 사정판결 제도도 우리나라와 일본 정도밖에 없는 제도이고, 실제 행정사건

사안에서 위법을 인정하면서 사정판결한 케이스는 매우 적은 편이다. 원전의 안전이 걸린 사안에 대해 사정판결을 한다는 것은 그 자체로 있을 수 없는 일이라고 생각한다."[54]

신고리 5·6호기 건설허가처분 취소소송으로 5년간 559명의 국민과 그린피스 및 탈핵을 지지하는 수많은 이들을 대변해서 선전해 준 탈핵법률가모임 해바라기의 김영희·김석연 변호사의 활동은 내내 잊지 못할 것이다.

---

54   탈핵신문, 지역주민 내팽개친 '원전소송' 사정판결, 2021.5.12

10장

2022년, 다시 고리와 나아리

2021년 2월 28일~3월 4일 울진 망양정부터 포항 화진 해수욕장까지 102.6km를 걸었다.

　2021년 6월 14~27일 해남부터 하동 거쳐 구례까지 240km를 걸었다.

　2022년 1월 1~10일 하동부터 가덕도 거쳐 부산 고리 핵발전소까지 196km를 걸었다.

　매일의 기록 중 마지막 날만을 남겨 본다.

　2022년 1월 10일(월) 송정역~해동용궁사~대변항~일광~임랑~고리핵발전소 : 27km

　소설가의 집에서 새벽 6시 반에 나왔다.

　부산 영도 한진중공업 본사 앞까지 가야 했다. 김진숙 복직투쟁 릴레이 단식 중이었다.

　그날 61일차 참가자로 등록한 나는 아침 출근 피케팅을 함께하고 도보순례를 하기로 했다.

　이른 아침 출근 버스들이 줄지어 정차하고 그 버스에서 직원들이 줄이어 들어왔다. 시위하는 이의 건강하고 밝은 목소리가 아침 공기를 갈랐다.

1981년 10월 1일 대한조선공사주식회사(전 한진중공업, 현 HJ중공업)에 용접공으로 입사한 김진숙이 국가 폭력에 의해 1986년 7월 14일 해고 당한 지 37년이었다. 세 번이나 주인이 바뀐 회사 앞에서 출근 선전전 하는 이의 밝고 건강한 아침 인사는 고가도로 아래 맞은편 건물에 걸린 김진숙 걸개그림 얼굴에 닿고 있었다. 매일매일 일상이라 아무 감각이 없는 것일까? 죽겠다, 죽겠다 해도 거들떠보지 않는 노인의 앓는 소리처럼 해고노동자의 복직 외침은 공장의 매연이나 소음처럼 자연스러운 소리인가? 대체 왜 아무도 들은 척하지 않는가?

김진숙 복직을 위한 아침

8시 반쯤 동해선 월내역에 주차하고 송정역으로 기차를 타고 왔다.

9시쯤 송정역에서 걷기 시작해서 오시리아역을 거쳐 해동용궁사에서부터 해파랑길을 걸었다. 9km쯤 걸은 11시경, 대변항에서 월성원전인접지역이주대책위와 함께 상여 시위를 하고 온 울산의 은정과 영상이 합류했다. 내 배낭을 영상이 대신 메었다. 내가 그날 김진숙 복직 투쟁을 위한 릴레이 1일 단식이라고 하자, 둘도 점심식사를 하지 않고 계속 걸었다.

내 배낭은 평소에도 크기에 비해 무거운 편인데 기장군청에서 쉴 때 들어 보니 돌덩이 같았다. 안을 보니 텀블러가 내 것 말고도 세 개나 더 들어 있었다. 아무리 건장해도 무거웠을 배낭을 멘 영상은 이미 꽤 걸어온 내가 지칠까 봐 선두에 서다 뒤로 가서 보폭을 유지해 주었다. 언제나 씩씩한 은정은 얇은 운동화를 신고도 잘 걸었다.

오후 1시쯤 저 멀리 고리핵발전소가 보였다. 그런데 그 지점부터 해변에 카페와 캠핑촌이 즐비했다. 대체 핵발전소가 관람 거리라도 된단 말인가. 방사능의 위험성을 조금이라도 안다면 그걸 보면서 차를 마시고 캠핑하고 싶지는 않을 텐데 이해할 수 없는 풍경이었다.

핵발전소 주변 캠핑장

일광해변 지나 임랑해변으로 가기 전, 마을에 들어서는 나를 보자 한 할아버지가 소리를 쳤다.

"아니 전기 안 쓰고 살아?"

그 뒤에 두세 명이 뭔가 거들려고 들썩였다. 그런데 내 뒤에 있던 은정이 맞받아쳐 더 크게 소리쳤다.

"방사능이랑 핵폐기물은 어쩔 건데요?"

그 뒤에 영상까지 걸어오는 걸 보자, 마을 분들이 더는 소리치지 않았다. 맨 앞에 왜소한 나를 보고 만만해서 큰소리쳤는데 그 뒤로 듬직한 둘이 함께 오자 그만둔 거였다. 사람 심리란 그렇게 본능적으로 우열을 감지한다. 만약 나 혼자였다면? 그래서 성경에 독처하지 말라고 나와 있나 보다. 아니 성경까지는 아니더라도 안전여행을 위한 가이드라인 첫 번째가 '안전을 고려하여 두 사람 이상 함께 갑니다'였으니까. 은정과 영상, 둘이 얼마나 든든했는지 모른다.

오후 2시 40분. 임랑해변이었다.

2017년 늦여름과 가을, 혼자 무턱대고 찾아와 사진을 찍어 그해 포토청 단체사진전 '휜'에 전시했던 〈원전백지화〉. 그때의 흰 파도와 모래는 그대로였고 발전소도 그대로였다. 오히려 신고리 5·6호기는 공론화로 인해 건설이 확정되어, 2021년 10월 기준 종합공정률 72.12%였다. 회상과 만감에 한참이나 바다 앞에 서 있었다. 사진을 배우고 처음으로 몰두해서 무언가를 찍었던 그 기억이 생생했다.

임랑해변의 5년 전후

 5년이 지났다. 그렇게 걸어도 달라진 건 없었다. 눈물이
핑 돌았다. 은정과 영상은 하루 동안 아침엔 월성, 오후엔
고리핵발전소를 보고는 지척에 핵발전소가 두 군데나 있다
는 현실에 통탄했다. 오후 3시 20분, 고리핵발전소의 4개 돔
이 다 보이는 마지막 지점까지 걸었다. 27km. 마지막 날 최
장 거리였다.

2022년 2월 25일, 김진숙은 명예복직과 동시에 퇴직했다.

3월 28일, 문정현 신부님을 위시한 봄바람순례단과 함께 영광한빛핵발전소 앞에 갔다.

이후 나는 걸음을 멈추었다. '핵발전소 없이 안전하게 살자' 몸자보도 떼었다. 핵발전소도 거대한 송전탑도 보이지 않는 시골로 들어갔다. 새 정부는 찬핵을 외쳤다. 이어지듯 유럽연합(EU)이 2022년 7월 6일, 천연가스와 핵발전을 친환경적으로 지속가능한 에너지 활동인 EU 녹색에너지 분류체계(그린 택소노미, Green Taxonomy)의 범주에 포함하는 방안을 가결했다. [55]

2022년 7월 마지막 날, 경주로 향했다.

문무대왕면 어일리에 한수원 사택 단지가 있었다. 월성핵발전소에서 12km 떨어진 곳이었다. 6km쯤 더 가니 감은사지 3층 석탑이 보였다. 1.5km쯤 더 가니 바다 위에 문무대왕릉이 보이고 길가에 즐비한 관광업소와 관광객들이 보였다. 그들은 지척에 핵발전소가 있는지 모를 것이다. 13년 전 나도 그랬으니까. 도로 폭이 좁아졌다. 우회전하자 봉길 터널이 시작되었다. 2.43km를 땅속으로 달렸다. 터널에서 나와 우회전하자 나아리가 나왔다.

황분희 월성원전인접지역이주대책위원회 부위원장 댁이 보였다. 여전히 집 앞에서 월성핵발전소 돔이 보였다.

55 가톨릭신문, EU, 녹색에너지에 핵발전 포함…가톨릭계 반발, 2022.7.24
경향신문, EU, 결국 원전·천연가스도 '녹색 에너지'에 넣었다, 2022.7.6

부위원장과 함께 이주대책위 천막농성장에 갔다. 전기가 끊겨 있었다. 월성핵발전소가 보이는 바닷가로 갔다. 텐트와 돗자리가 즐비했다. 핵발전소 돔들이 바로 앞에 보이는 곳에서 어린아이들과 어른들이 고기를 구워 먹으며 놀고 있었다. 그 지역은 제한구역 안내문이 보이는 곳이었다. 한숨만 나왔다.

신라 4대 왕인 석탈해(昔脫解) 왕이 아기 때 궤짝에 담겨 나아리 앞바다로 떠내려와 발견되었다고 한다. 석탈해왕 탄강유허비를 찾아보았다. 월성핵발전소 부지 안에 있었다. 안내문은 글씨를 읽을 수도 없이 훼손돼 있었다. 월성원전 홍보관 옆에는 경주 봉길리 고분군 유적이 녹슨 금속과 유리로 된 상자에 진열돼 있었다. 땅만 파도 유적이 나온다는 경주. 그 경주에 중수로 핵발전소와 고준위핵폐기물 저장고가 있다. 부를 때마다 예쁜 이름 나아리(羅兒里), 신라의 아이 마을. 그러나 경주는 핵발전소를 유치하는 순간, 신라 역사와 문명의 지존 자리를 내려놓은 것이나 다름없다.

이름 이야기가 나와서 말인데, 나아리 인근 어디에도 '월성'이란 지명은 없다. 그런데 왜 월성원자력발전소(한국수력원자력 월성원자력본부)일까? 경주 월성은 경주 시내 역사유적지구에 있는데 말이다. 경주시 양남면 연혁을 살펴보니 1906년에 경주군 지역편성 시 장기군 양남면으로 개칭되었는데, 1955년 9월 1일에 경주읍이 시로 승격되면서, 군 명칭을 월성군으로 개칭해서 월성군 양남면이 되었다.

세월이 지나 1983년에 월성 1호기가 가동되었다. 1987년 1월 1일에 문무대왕면 봉길리 일부(월성원전부지)가 양남면에 편입되었다. 1989년 1월 1일에 월성군을 경주군으로 개칭했는데, 1995년 1월 1일 통합 경주시가 출범하면서 경주시 양남면으로 개칭되었다.[56] 그때부터 마을은 경주시 양남면 나아리가 되었다. 34년 동안 쓰였던 월성이란 이름은 40여 년 전에 지어진 핵발전소에만 남아 있다. 핵발전소 이미지 때문에 경주원전이란 명칭으로 바뀌진 않을 듯하다.

다시 간 황분희 부위원장 댁에는 부부만 살고 있었다. 딸과 사위와 손녀 손자는 신학기에 맞춰 울산으로 나갔다. 세살 때 이곳에 들어와 고등학교 2학년이 된 손녀 학업 때문이었다. 나아리에서 태어나 할머니와 떨어질 줄 모르던 손자는 벌써 열두 살이 되었단다.

그날 그곳에서 저녁밥을 먹고 잠을 잤다.

세 평 빠진 천 평 과수원에는 복숭아, 토마토, 자두, 사과, 앵두, 모과, 꾸지뽕, 살구, 딸기, 블루베리, 단감, 대봉감, 대추, 키위, 복분자, 오디(뽕), 보리수, 산수유, 체리, 석류, 무화과, 매실, 비파가 철철이 난다. 텃밭에는 옥수수, 고추, 파, 마늘, 상추, 쑥갓, 시금치, 배추, 근대, 아욱, 고사리, 방풍나물, 곤드레, 더덕, 두릅, 엄나무, 오가피, 들깨, 오이, 가지, 호박, 양배추, 케일 등 없는 게 없을 정도로 채소와 과일이 가득했다.

그 땅에서 지은 채소 반찬으로 저녁밥을 먹었다. 3년 전

56 경주시 양남면 홈페이지, 우리 마을 소개 연혁

처럼 입술이 부풀어 오르지는 않았다. 식사 후 황분희 부위원장과 이런저런 이야기를 했다. 두 시간쯤 흘렀을까, 부위원장이 복숭아를 먹자고 하여 깎아서 함께 먹었다. 5년 전 단감을 먹을 때처럼 각오가 필요하지 않았다. 나도 그들처럼 익숙해진 걸까? 체내에 흡수된 삼중수소는 열흘이 지나면 절반이 소변이나 땀으로 배출된다. 나는 어쩌다 하룻밤 먹고 숨 쉬고 씻고 떠나면 된다. 하지만 36년간 이 땅에 산 황분희 부위원장 부부와 나아리 주민들 몸속 방사성 물질은 배출될 새 없이 축적되었을 것이다.

한수원이 기준치 미만이라는 방사능. 몸에 해로운 것이 유무가 아닌 기준치로 측정되는데 황분희 부위원장은 반박한다. 월성원전 지역주민의 체내 삼중수소 최대 농도인 28.8베크렐이 1년간 체내 유지될 경우 0.0006밀리시버트(mSv) 유효선량을 받게 되며 이는 바나나 6개를 한꺼번에 섭취하는 양[57]이라는 비유에 관해서 이렇게 말했다.

"맨날 바나나 6개를 한꺼번에 섭취하는 양이라고 하는데, 당신들은 바나나 먹고 싶어서 먹지, 아무리 맛있어도 먹기 싫은 바나나를 어떻게 먹나? 기후위기 대응으로 원자력 한다는 건 말도 안 돼. 온배수로 바다 수온이 계속 올라가는데 무슨 대응이 되나? 대도시 싼 전기 쓰라고 우리가 희생하고 있네요. 우리를 구제해 주겠다고 하는 사람은 대한민국에 아무도 없네요. 원자력이 위험한데 월성 1호기 수리 후 재가동, 고장, 다시 폐쇄. 국민 세금 쓰면서 누가 책임지나. 고준위핵폐기물 어떻게 할지 아무도 얘기하는 사람 없잖

57 한국수력원자력(주) 월성원자력본부 홍보지

아. 전기 다 빼먹고 뒤처리할 사람도 없고. (핵발전소) 대도시에 짓고 송전탑도 필요 없이 전기 쓰면 되지 않나?"

핵발전소 인접지역에 해 주는 지원이 무엇인지 물었다. 전기요금 월 13,000원 보조와 장학금 1년에 고등학생 30만 원, 대학생 100만 원이라고 한다. 연간 일반고등학교 등록금의 1/4, 대학교 등록금의 1/10쯤 되는 학자금이다.

한국수력원자력(주)월성원자력 홈페이지 지역공동체 기금지원 육영사업을 보니 주변지역 학교교육 여건 개선, 주변지역 초중고 재학생 장학금 및 학자금 지원, 기금 적립을 통한 안정적인 주변지역 대학생 장학금 지원이 있다. 전기요금 보조사업으로는 원자력발전소 주변지역 5km이내 및 동일 행정지역 양남면 나아리 기준 주택용: 16,640원/월, 산업용: 2,300원/월이 지급되고 있다.[58]

월정원전홍보관에 비치된 홍보문에 나온 '숫자로 보는 월성원자력의 지역 경제 기여도'를 보면 1990~2020년에 사업자지원사업, 기본지원사업, 지역자원시설세, 특별지원사업, 월성 1호기 계속운전사업비로 총 8천억 원 정도가 지원되었다.[59] 풀빌라도 지원사업으로 이루어진 것인데 마을회에서 대출을 더 받았다.

"읍천리 풀빌라는 완공된 지 7월 말이면 만 2년이 되는데, 그동안 수익금이나 적자 등 정보공개 한 번도 한 적이 없어.[60] 2016년 6월 30일 거주 기준 170여 명 분담금으로 사업했는데, '마을회'에는 10년 이상 거주민을 임의로 회원 제한했잖아. 단

---

58 한국수력원자력(주) 월성원자력본부 홈페이지, 2023년 8월 기준
59 한국수력원자력(주) 월성원자력본부 홍보지
60 2023년 1월 첫 회계보고 시 적자

식 이후에 소송해서 경주에서 1심 승소하고, 대구에서 항소심도 입회비 50만 원 내면 받아 주라고 승소했는데, 지금 서울 대법원으로 가 있어. 아직 판결 안 났어."[61]

나는 그동안 정말 궁금했던 것을 질문했다.

"핵발전소에서 나오는 방사능 피폭 때문에 이주하고 싶어 하면서, 어떻게 인근에 풀빌라를 지어요? 외지인은 피폭되어도 괜찮아요?"

"처음에 태양광 사업을 하자고도 했었고 도시가스 사업도 하자고 했었지. 그런데 이런저런 이유로 무산됐지. 한수원은 상생협력금을 개인에게 공평하게 나눠 주지 않고 사업을 하라고 단체에게 주는 방법을 써. 이장단이 한수원 대변인 역할을 한다고. 한수원에서는 주민들에게 많은 돈을 주지만 정작 주민들에게 돌아온 건 없어."

다음 날 오전, 홍중표 나아리 이장에게 전화했다. 연임과 풀빌라 건 등에 관해 당사자의 이야기를 들어 보고 싶었다. 15분 후에 마을회관에서 만나기로 했다. 비가 오고 있었고 나는 은정이 준 노란 세월호 우산을 쓰고 나아리 마을회관 입구 주차장에서 기다렸다. 시간이 되어 검은 대형차 한 대가 쑥 들어와 마을회관 옆에 서더니 운전자가 내렸다. 키 큰 중년 남자였다. 그는 담배를 피우며 전화를 하더니 다시 차를 타고 가 버렸다. 더 기다렸다. 기다리는 동안 머릿돌에서 읽었다. 나아리 마을회관도 한수원(주) 월성원자력발전

61　2023년, 2016년 6월 30일 거주 기준 50만 원 입회비로 회원화. 기준일 이후 거주자 준회원.

소 주변지역 지원사업비로 2004년에 지은 건물임을. 십 분여 후 이장에게 전화했더니 갑자기 일이 생겼다고 했다. 마을회관에 왔다 가지 않았느냐고 묻자 그렇다고 했다. 마음이 바뀐 건지 정말 다른 일이 생긴 건지 알 수 없었다. [62]

월성원자력본부 읍천 사택을 지나 읍천리 풀빌라에 가 보았다. 주차장에서 북쪽으로 월성핵발전소 돔이 보였다. 동쪽으로 너른 바다가 보이는 주상절리 위에 이름 그대로 바다 절벽에 지은 풀빌라였다. 그곳에서 일하는 사람에게 운영 현황을 물어보았다.

영업한 지 2년이 되었고, 하룻밤에 66만 원에서 100만 원 하는 복층에 수영장 딸린 빌라 세 동이 손님으로 꽉 찬단다. 검색해 봤더니 8개 호실이 660,000~990,000원이었다. '마을 사람 빚쟁이 만들었다'는 풀빌라는 성업 중이었다. 한수원의 어마어마한 상생협력금에 막대한 대출로 지은 호화 풀빌라의 손익분기점이 언제일지 궁금했다. 1차선을 가득 메운 상행 차량과 읍천항에 즐비한 숙박업소가 핵발전소와는 상관없는 여느 동해안 풍경이었다. 살고 있는 사람들은 이주하고 싶다는 곳으로 놀러 오는 사람들. 그만큼 핵 방사능에 대해 모르는 사람들과 알면서도 모른 척하는 사람들 사이에서 이주대책위 주민의 이주는 기약이 없다.

[62] 2023년 3월, 나아리에는 새 이장이 선출되었다. 그러나 전 이장이 인수인계를 제대로 해 주지 않고 있다고 한다.

읍천리 풀빌라에서 바라본 월성핵발전소

월성원전인접지역이주대책위는 투쟁 2923일을 맞는 2022년 8월 25일에 8주년이 되었다. 경주환경운동연합에서 한 기자회견 사진에는 십여 명이 단출했다.

경주 지진이 나자 제일 먼저 달려왔던 정치인이 대통령이 되었다가 임기를 마치는 동안 월성핵발전소 인접지역 주민들은 이주도 못 하고 월성핵발전소에는 고준위핵폐기물 임시저장시설 맥스터가 설치되었다. 다음 대통령은 대놓고 찬핵을 한다. 그동안 언론보도, 국회토론회, 다큐멘터리 영화 〈월성〉, 책 『원전 마을』 등을 통해 월성핵발전소이주대책위 사람들의 고통이 사회에 전달되었다. 그러나 아직 달라진 건 없다.

산업통상자원부는 '발전소 인근지역 주민 집단이주제도

의 타당성 고찰 및 합리적 제도개선 방안 연구' 최종 보고서 (2016. 1. 31.)에서 장기과제로 "최인접마을을 (가칭)간접제한구역으로 지정하여 완충지역으로 활용"하는 방안을 제시했다. 간접제한구역은 법적으로 주민 이주를 지원할 수 있는 구역이다.

2021년 8월 26일 주민들의 이주를 법률로 지원하기 위한 '발전소주변지역 지원에 관한 법률 일부개정법률안'이 국회의원 14명의 이름으로 발의됐다(대표발의: 양이원영 의원). 법안 발의 1년이 됐으나 아직 별다른 소식이 없다. 이날 발의된 이주지원법안의 조속한 국회 통과를 촉구하는 주민 412명(월성원전 최인접지역인 나아리, 나산리, 봉길리 주민)의 서명을 공개했다. 이주 요구는 소수의 목소리가 아니다.[63] 아니 소수라도 모든 국민은 거주·이전의 자유를 가진다는 대한민국헌법 제 14조의 권리가 보장되어야 한다.

2022년 9월 20일, 월성원전 1호기 사용 후 핵연료 저장 수조 외벽이 새고 있다는 뉴스가 보도되었다. 오염수 누출이 확인된 지점은 1997년 보수공사를 한 차례 한 곳으로, 누출량은 하루 약 7리터(L)로 알려지고 있다. 확인되지 않은 곳, 확인 불가능한 바닥 등에서 수백 리터씩 누출되고 있을 가능성도 매우 높다고 한다. 사용후핵연료를 저장해 놓은 수조의 냉각수에는 삼중수소와 감마핵종 등 수조 베크렐에 이르는 위험한 방사성 물질이 포함돼 있다.[64] 그 물질은 다 어디로 갔을까?

---

63 월성원전인접지역이주대책위원회 천막농성 8주년 기자회견문 참조
64 깨지고 갈라지고… 월성원전 방사능 오염수 줄줄 샌다, MBC 뉴스, 2022.9.20

2022년 7월 마지막 날, 황분희 부위원장에게 매주 월요일 상여시위에 나오는 인원이 십여 명으로 줄었는데 어떠시냐고 물었다. 힘들거나 기운 빠진다는 대답이 나올 줄 알았다.

"한 사람이 남아도 해야지."

황분희 부위원장이 이주대책위원회를 지키는 한 나도 함께할 것이다. 다행인 건 월성원전인접지역이주대책위원회와 열렬히 연대하는 이들이 적지 않다는 사실이다.

황분희 부위원장과 월성핵발전소인접지역이주대책위원회

에필로그

2017년 첫 촬영지였던 고리와 월성핵발전소에 5년간 가 보았다. 너무 멀어서 가끔이었다. 그사이 나아리 월성원전 (핵발전소) 1기는 영구정지되었다. 하지만 월성원전인접지 역이주대책위는 여전히 마을을 떠나지 못하고 있다. 그들은 매주 월요일이면 상여를 끌고 시위한다. 아마 이주할 때까지 계속할 것이다. 운동은 지속성이 있어야 하니까.

　삼척탈핵운동은 톰을 중심으로 2년째 탈핵 탈석탄 탈송전탑 운동을 하고 있다. 그사이 톰은 강원대학교에서 정년퇴직하고 명예교수가 되었다. 톰은 학교 대신 삼척우체국으로 출근한다. 월요일부터 금요일까지 매일 한 시간씩 삼척 석탄화력발전소 건설중단요구 1인 시위를 삼척우체국 앞에서 하고 있으며 삼척시 도보순례도 하고 있다.

　2022년 5월 11일부터 31일까지 21일간 성가소비녀회 주관으로 가톨릭기후행동과 탈탈탈(탈핵, 탈석탄, 탈송전탑)희망국토도보순례단이 생태환경을 근원적으로 위협하는 핵발전소, 핵무기로 인한 핵방사능과 지구온난화로 인한 기후위기로부터 생명을 지키고 평화로 나아가기 위해 걸었다. 삼척 핵발전소백지화기념탑에서 출발하여 석탄화력발전소가 건설 중이거나 지어진 강릉 지나, 보낼 전기도 없는데 동해안 울진에서 시작하여 가평까지 추진하고 있는

HVDC 500KV 송전선로 경과지인 평창, 횡성, 홍천, 춘천, 가평, 남양주를 거쳐 서울 용산 대통령실 청사까지 385km를 도보로 순례했다. 매 걸음 부서지고 파괴된 어머니 땅의 아픔을 기억하며 지구와 우리 모두의 치유와 회복을 느끼는 기도의 시간이었다고 한다.[65] 탄소중립과 기후정의와 탈핵은 상충할 분야가 아니다. 총체적인 시야로 균형 있게 다뤄 나가야 할 사안이다.

울산탈핵운동 활동가 은정과 영상은 월성원전인접지역 이주대책위 월요일 상여시위에 연대하기 위해 나아리로 가고, 석록은 매달 탈핵신문을 만들고 있다.

이 책에는 미처 싣지 못했지만 나와 함께 탈핵도보순례를 했던 사랑하는 벗들은 각자의 자리에서 언어치료사와 수사와 전도사와 귀농인으로 탈핵을 실천하고 있다.

지금까지 현장에서 만난 이들이 계속 탈핵운동을 하는 동안 나는 글을 썼다. 이 한 글자 한 글자는 내 한 걸음 한 걸음과 다름없다. 이 글은 공학도 행정가도 아닌 일개 작가가 걸으며 보고 느낀 지난 5년의 기록이다. 누군가 내게 왜 걷고 쓰냐고 묻는다면 뭐라고 대답할까? 마음과 몸이 시키는 대로 여기까지 왔다고 답할 수밖에 없다. 내 작은 힘으로 무언가를 할 수 있다면 핵발전소 주변에 살고 있는 순박하고 힘없는 사람들이 맑은 공기와 깨끗한 물을 마시고 아프지 않게 살 수 있도록 돕고 싶을 뿐이다. 방사성 물질로 오염되는 땅과 바다와 그 안의 생물들을 생각하면 이젠 그

65   탈탈탈 기자회견문 참조, 2022.5.31

만 좀 발전하자고 애원하고 싶다. 우리가 조금씩 불편하고 느리게 살면서 에너지를 아껴 지구생태를 보존하는 게 멀리 보면 결국 인간 자신을 위함이라고 지극히 상식적인 이야기를 하고 싶다.

탈핵(脫核, Nuclear Phase out)은 당장 핵발전소를 모두 정지하자는 게 아니다. 안전하게 관리하고 단계적으로 정지시키고 신규 핵발전소를 건설하지 않으며 대안에너지를 개발해 상용하자는 것이다.

그리 멀지 않은 듯하다. 지구상 기후변화의 급변점인 티핑포인트(Tipping Point), 지구 평균기온의 섭씨 1.5도 상승이 이미 지났다고도 하고 빠르면 2030년, 늦어도 2040년이라는 기후학자들의 경고가 있다. 화물과 택배 차량이 밤이고 새벽이고 화석연료를 이용한 차량을 통해 인간의 소비 욕구를 충족시키는 우리나라의 현재. 불야성은 전기를 필요로 한다. 가속 페달을 밟은 채 브레이크가 제대로 작동하지 않는 열차에 오른 듯한 생산과 소비의 시대에서 에너지 사용을 어떻게 줄일 수 있을까?

5년간 써 온 이 글을 담양 글을낳는집에서부터 정리해 남원 귀정사에서 마무리한다. 새벽까지 글을 쓰다가 화장실에 가려고 방 밖으로 나가면 사방이 깜깜하다. 깊은 산속에 나 혼자 불을 켠 채 깨어 있다. 방에 전깃불이 없으면 글을 쓰지 못한다. 휴대전화기 조명이 없으면 화장실도 갈 수 없다. 전화기는 전기로 충전해야 한다. 아무리 아끼고 안 쓴다고 해도 이 현대 자본주의 산업사회를 벗어날 순 없다.

풀벌레 소리가 자잘한 종소리처럼 밤새 울린다. 어쩌면 내 글도 풀벌레의 작은 소리에 불과할지 모른다. 아무리 울어도 무슨 말인지 알아들을 수 없는 다른 세상의 언어. 몇몇이 비우고 아낀들 핵발전소 전력량에 영향을 미칠 리 만무하다. 그래도 이 가을에 나는 구애도 아닌데 풀벌레처럼 나지막한 소리를 낸다. 안전하게 생명을 지키고 소박하고 평화롭게 살자고.

추천의 글

독립운동처럼 멀고 지난한 탈핵의 길,
소박하고 평화로운 일상을 위하여

성원기

강원대학교 명예교수

삼척핵발전소반대투쟁위원회/삼척석탄화력발전소반대투쟁위원회 공동대표

일제 강점기 하에서 우리 선조들은 일본의 압제로부터 벗어나기 위하여 독립운동을 하였습니다. 그리고 마침내 독립을 하였습니다.

탈핵은 핵무기, 핵발전소의 위험에서 벗어나기 위하여 핵무기를 모두 폐기하고 핵발전소를 모두 폐쇄하여 안전한 나라로 가는 것으로, 핵으로부터의 독립운동입니다.

우리나라는 핵무기는 없지만 핵발전소가 많이 있습니다.

후쿠시마 핵사고는 핵발전소가 얼마나 위험한 시설인지 실체를 똑똑하게 보여 주었으며 전국적으로 탈핵운동에 불을 지폈습니다.

독립운동이 그러하듯 탈핵운동도 멀고 지난한 길입니다. 그러나 독립을 이루어야 하듯 탈핵도 반드시 이루어야 할 시대적 과제임은 분명해 보입니다.

2011년, 후쿠시마 핵사고가 르포 작가 일곱째별을 깨웠습니다.

후쿠시마 핵발전소 사고 1주기를 앞둔 2012년 2월 29일, 서울시청 앞 광장에서 '아이들에게 핵 없는 세상을 안전한 밥상을'이란 피켓을 들고 그는 1인 시위를 시작했습니다. 그리고 사진을 배우기 시작한 2017년 '사진으로 하는 탈핵운동'을 하기로 마음먹습니다. 뒤이어 그는 2022년 가을까지 5년간 탈핵 현장의 순간순간을 카메라에 담고 인터뷰하고 기록하였습니다.

월성핵발전소인접지역이주대책위원회, 신고리 5·6호기 건설허가처분 취소소송, 일본산 식품수입규제 WTO 소송, 월성 1호기 수명연장허가 무효국민소송, 탈핵희망국토도보순례, 균도네 소송, 월성원전핵쓰레기장추가건설반대 경주시민대책위원회, 월성핵쓰레기장반대주민투표 울산운동 등 한국의 탈핵 현장을 촬영하고 기록하였습니다.

또한 2019년 8월 탈핵희망국토도보순례가 마무리된 이후 탈핵 활동가로서 한국 탈핵 순례를 꿋꿋하게 이어 갔습니다.

작가는 이 책에서 월성핵발전소 인접지역의 주민들이 핵발전소에서 나오는 방사성 물질에 피폭되어 암 등 각종 질병으로 얼마나 고통을 받고 있는지, 이주하고 싶어도 집이 팔리지 않아 떠나지 못하고 있으며, 천막농성을 하며 8년째 이주대책을 요구하여도 정부와 한수원으로부터 철저히 무시당하고 있는 현실을 현지 주민의 피맺힌 증언을 통하여 기록하고 있습니다.

각종 소송 사례를 통해서 이 시대의 기울어진 운동장을

보여 주고 있으며 탈핵희망국토도보순례를 같이하며 탈핵 희망의 메시지를 전하고 있습니다. 삼척 탈핵 역사를 들려 주며 영덕핵발전소의 역사도 함께 조명합니다. 월성핵발전소 핵쓰레기장을 막아내기 위한 울산과 경주 시민들의 가열찬 투쟁을 전하고 있습니다.

탈핵은 핵의 위험을 알고 공감하는 것이 시작입니다.

이 책은 2017년부터 2022년 가을까지 치열하게 살아낸 작가이자 탈핵 활동가인 일곱째별의 한국 탈핵 현장 기록을 담은 르포르타주입니다. 작가는 핵발전소 없이 안전하게 생명을 지키고 소박하고 평화롭게 살자고 나지막하게 우리에게 이야기합니다.

책 속에 탈핵의 길이 보입니다. 어떻게 탈핵을 할 것인가 고민하는 분들에게 일독을 권합니다.

일곱째별의 탈핵 순례 – 나아리에서 나아리로 걸어간 5년의 기록
2023년 9월 30일 초판 1쇄 펴냄

지은이	일곱째별
펴낸이	김성규
편집	김안녕 한도연
디자인	신아영
감수	성원기
펴낸곳	걷는사람
주소	서울 마포구 월드컵로16길 51 서교자이빌 304호
전화	02 323 2602
팩스	02 323 2603
등록	2016년 11월 18일 제25100-2016-000083호

ISBN	979-11-93412-01-5
	979-11-92333-18-2 [04080] (세트)